大展好書　好書大展
品嘗好書　冠群可期

大展好書　好書大展
品嘗好書　冠群可期

序言——明日幸福生活的指南

「占卜」可以窺古觀今，亦是探尋美好遠景的指標。在許多占卜術當中，「十二生肖占卜術」是中國自古以來傳統的重心，遵循陰陽法規並加以合理的推斷。因此，它是自古到今掌握人類運勢的神秘占卜術。

一個不甚瞭解占卜術的人，也許會說：「那個人是馬年生的，所以個性較活潑、開朗！」或是「這個人是鼠年生的，有刻苦、勤儉的精神！」等等。

因此，大多數的人對於出生年次的不同，所造成的性格差異，都有某種程度的認識。

可見「十二生肖占卜術」是如何深植一般人的心裡，並且與我們的生活息息相關。

本書是將「十二生肖占卜術」的奧秘，以及「血型性格判斷」的精華，做一空前的大結合。

我們可根據由出生年歲所推測的運勢和性格，加上精密的血型判斷，使我們更進一步地瞭解自己，並在未來生活中，發揮截長補短的功能。

在人生的旅途中，將會與何人相遇?會發生什麼事情?本書在性格、緣分、愛情、婚姻、人生等方面均有詳細解說，它將幫助您踏上幸福美滿的人生旅程。

目錄

十二生肖表

你的出生年代(民國)					生肖
民國 49 年	民國 37 年	民國 25 年	民國 13 年	民國 1 年	鼠 
民國 50 年	民國 38 年	民國 26年	民國 14 年	民國 2 年	牛 
民國 51 年	民國 39年	民國 27 年	民國 15 年	民國 3 年	虎 
民國 52 年	民國 40 年	民國 28 年	民國 16 年	民國 4 年	兔 
民國 53 年	民國 41 年	民國 29 年	民國 17 年	民國 5 年	龍 
民國 54 年	民國 42 年	民國 30年	民國 18 年	民國 6 年	蛇 
民國 55 年	民國 43 年	民國 31 年	民國 19 年	民國 7 年	馬 
民國 56 年	民國 44 年	民國 32 年	民國 20 年	民國 8 年	羊 
民國 57 年	民國 45 年	民國 33 年	民國 21 年	民國 9 年	猴 
民國 58 年	民國 46 年	民國 34 年	民國 22 年	民國 10 年	雞 
民國 59 年	民國 47 年	民國 35 年	民國 23 年	民國 11 年	狗 
民國 48 年	民國 36年	民國 24年	民國 12 年	民前 1年	豬 

7 十二生肖表

你的出生年代(民國)					生肖
民國 109 年	民國 97 年	民國 85 年	民國 73 年	民國 61 年	鼠 
民國 110 年	民國 98 年	民國 86 年	民國 74 年	民國 62 年	牛 
民國 111 年	民國 99 年	民國 87 年	民國 75 年	民國 63年	虎 
民國 112 年	民國 100 年	民國 88 年	民國 76 年	民國 64 年	兔 
民國 113 年	民國 101 年	民國 89 年	民國 77 年	民國 65 年	龍 
民國 114 年	民國 102 年	民國 90 年	民國 78 年	民國 66 年	蛇 
民國 115 年	民國 103 年	民國 91 年	民國 79 年	民國 67 年	馬 
民國 116 年	民國 104 年	民國 92 年	民國 80 年	民國 68 年	羊 
民國 117 年	民國 105 年	民國 93 年	民國 81 年	民國 69 年	猴 
民國 118 年	民國 106 年	民國 94 年	民國 82 年	民國 70 年	雞 
民國 119 年	民國 107 年	民國 95 年	民國 83 年	民國 71 年	狗 
民國 108 年	民國 96 年	民國 84 年	民國 72年	民國 60年	豬 

A血型

A 血型人的一般性格

一、重形式、求穩定

A型人最大特徵，是性格和行為都有一定的原則。特別注重外表的型態與修飾，因而產生了A型人特有的穩重個性。

此外，還具有保守與消極的性格。

A型人從不做突發奇想或好高騖遠的事，其心思縝密、冷靜，絕不做超出自己能力範圍的事情。而穩健的個性，使其過著合乎自己身份的生活。由於行事細心、謹慎，不致於造成太大的過失，也不會增加別人的麻煩，但也有墨守成規、少有突破等缺點。

A型人少有獨立自主的情形，大部分是在有組織型態的團體或是企業機構中工作，他們缺乏創新、突破的能力，但是，對於團體中的各種事物，有精確的分析、綜合、整理等能力。

此外，在各種血型之中，A型人對團體的服從精神勝過其他的人，所以，A型人能在上司和同事之間健立良好的人際關係。

二、有點神經質，但具有高度的耐心和鍥而不捨的精神

在愛情方面，仍然保持著穩重的態度，幾乎不曾因愛情沖昏了頭而忘了一切，即使在熱戀中也會理智地思考將來的生活與事業。由於A型人是腳踏實地、循規蹈矩的，其行為亦不踰越傳統道德範圍之外，更不可能做出違反常倫或社會人情義理的事情。

A型人的自我防衛性很強，在待人接物方面，若要進入推心置腹的階段，則須經過長時期的觀察考驗。

從表面上看來，他們的朋友似乎很多，但真正能談心的人卻很少。這或許是自我防衛性過於堅固所致。

A型人具有相當的耐心、毅力，他們不會因為小小的打擊而一蹶不振，但又因為他們過於在意別人對自己的看法，常常讓人誤以為他們經不起考驗；實際上，A型人勇於面對挑戰和堅苦卓絕的精神，往往令人瞠目驚視。

乍見之下，A型人似乎是溫和善解人意的，但卻也有倔強不屈的性格。他們會

對和自己不相上下的對手，展開強而有力的競爭，不斷地鞭策自己持續努力地超越對方，即使是一小步也可以。但是，若感到對方與自己的條件相距太大，有時從一開始就不抱有任何競爭的念頭。

O型人具備了冒險與挑戰的精神，喜歡和比自己實力更強的對手一決高下；相對地，A型人則喜歡在屬於自己的勢力範圍中一決勝負。他們雖有待人親切和體諒關懷的態度，但是，有時對於自己的想法與作為卻相當地執著。

A血型

鼠年生的人

性格——服從多數人意見的精神

A型人和鼠年生的人，在性格上有許多雷同之處，因此，A型鼠年生的人，無論是優點或缺點，都有相當突出的表現。

A型鼠年生的人，是最典型的服從領導的人物，他們不會隨便地要個性、求表現。因具有少數服從多數的優點，故不論在何種組織或團體裡，都能很快地適應，並且能融洽地與他人相處。規模愈大的組織愈適合他們繼續發展，這是因為他們有安於現狀、樂意與他人打成一片的工作態度所致。

他們對事物的領悟能力之強，和處理事務的敏捷，是無人可及的。經常主動地去瞭解周圍的環境，以使自己能立即適應狀況。

A型鼠年生的人喜歡清潔、舒適的住處。這種類型的人不論男女，均能將自己的書桌、房間整理得一塵不染；而在工作之前，也必定做好詳盡周全的準備工作。

在待人接物方面，雖然想和他人有所協調，實際上，卻又想堅守自己既定的原則。例如在交朋友的時候，當這位朋友即將踏入他們的生活領域時，A型鼠年生的人卻會產生一種排斥的心理。此外，膽子小、不愛冒險、優柔寡斷為其缺點，他們對於一切事務都要做妥善周詳的計畫，否則會有不安或不知所措之感。

人際關係——和任何人均能融洽相處

沒有人比A型鼠年生的人更留心周圍細微的變化，他們經常關懷體諒別人的心情，以便和他人圓滿地交往。由於太在意別人的想法，也招致別人在背後批評他們「見人說人話」、「對人的態度很曖昧」等。

事實上，A型鼠年生的人容易優柔寡斷，因而無法確定自己的立場。當然這是在他們需要立刻做決定時，才會有不知如何是好的感覺。

亦即，他們很害怕自己所做的事情，會對別人造成困擾或傷害，因而遲遲不置可否。他們認為與其打擾別人，不如以模稜兩可的態度，漸漸地推展工作來得好。

也正因為他們處處為他人著想，而將委屈、憂鬱深埋心裡，使得緊張不安和不滿的情緒被壓抑在心中，無法紓解開來。

所以，有時我們看到一個平日笑容滿面的人，突然將自己緊閉在痛苦中，甚至造成歇斯底里等症狀，就是因為他們長期處於苦悶的心情，且不得伸張的精神壓力之下所造成的。

另外，A型鼠年生的人有時也會受到外在的影響，而動搖自己原有的想法。

人生——平實穩重，不擅於處理麻煩、困擾之事

A型鼠年生的人，堅守「儲蓄第一」的人生觀。他們本來就是紮實、勤儉、刻苦自立的人，在經濟方面不會有任何問題，但是，他們並不滿足於目前的生活不虞匱乏，而是要求將來的生活有更確實的保障。唯有儲蓄，才能達到他們追求保障的目的，由於這種量入為出的做法，使他們被別人批評為「小氣」、「自私」的人。

他們對於資金的運用，頗有一套辦法，但由於過分謹慎，而失去許多大好時機。這是因為缺乏冒險精神，不敢輕言投資之故。

但是，一般看來，A型鼠年生的人，都能過著少有波折、平實穩當的生活。尤其在婚後，容易受人影響而動搖的性格也會漸趨穩定，而能按照自己的計劃，追求穩健平實的人生。

在家庭或工作上的人際關係，若發生重大意見不和，而導致摩擦時則須注意。雖然他們想恢復過去的情誼，但礙於情面，或提不起勇氣，因而使自己陷入苦悶的深淵。A型鼠年生的人，應儘量避免離婚、轉行等事情。

機運——過於拘泥細小事物

即使是微不足道的小事情，他們也能做得很好，毫不馬虎。因為他們具有勤奮的個性，凡事都做好周詳的準備；而且，只要是對自己有利的事情，絕不輕易放棄。但卻容易因小失大，令人惋惜。

所以，如果想要行大運，則須有足夠的膽識與毅力，正如「放長線、釣大魚」一樣。A型鼠年生的人，在面對千載難逢的大好良機時，必須拿出勇氣，全力以赴。

職業——合適的職業可發揮嚴格律己的精神和適應能力

公務員和大型機構的職員是最適稱的職業。因為具有規律嚴謹的性格和適應環境的能力，可以使得他們在團體中能與大家和平相處，人際關係的融洽協調，工作時的勤勉不懈，也將使他們得到上司的器重。

但是，最好避免獨自創業，尤其是大眾傳播方面的演藝等自由業，對其個性而言，將會造成心理的負擔及不必要的困擾。如果真的想獨立創業，那麼最好從事必須先取得營業資格的事業，例如建築師、會計師、律師等等。在參加資格考試之前，必先要有萬全的準備。

愛情——保守而典型的「含蓄的愛」

A型鼠年生的人，在愛情方面所表現的是「含蓄的愛」。正如開放在深山峽谷中的小百合一般惹人愛憐，但並不像玫瑰或向日葵般的豪華艷麗，而是讓人感到怦然心動、寧靜祥和的愛。

他們不會積極主動地追求愛情，更不會向對方表示強烈的愛意，只會以含情脈脈的眼睛注視自己的愛人。在他們心裡深處，不斷地熱烈祈求著對方「快點注視我啊！」但是，一旦對方開始跟他們交往時，他們卻又顯得躊躇不前。

這並非表示不喜歡對方，而是當他們陷入愛的漩渦時，天生膽怯的個性，會使其產生排斥的心理。

擔憂對方若變心時，該怎麼辦？以及談戀愛是否又會擾亂了原有的規律生活？或者萬一遭到父母的反對時，又該如何做才好？諸如此類的煩憂，成為其心裡的一大負擔；徘徊在徬徨不決的道路上，很可能就失去了追求幸福生活的良機。

如果得到對方的愛，A型鼠年生的人一定滿心喜悅。他們接受了對方的愛情和關懷，就會變得更加執著而堅定，也不太在意別人的看法，他們會全心全意地為對方付出所有的愛。

婚姻——一旦戀愛，便馬上想到結婚

A型鼠年生的人，是最擅於深謀遠慮的。他們專心一意地為日後生活奠定基礎；他們也很瞭解自己的個性較為內向、含蓄，因此，更需要為謀求幸福生活而作長遠的打算。

對這類型人而言，婚姻是他們所追求的目標，美滿幸福的婚姻是穩定生活的基礎。因此，一旦戀愛就會考慮到結婚，並且憧憬和另一半共同攜手創造溫馨的家園。婚後也會細心照顧夫家，和他們和睦相處，因而獲得「賢妻良母」的美譽。

性愛——易受溫馨甜蜜的氣氛所吸引

對於性愛抱著夢幻般的憧憬，這是屬於很羅曼蒂克型的人。他們尚未瞭解真正的「性」是什麼含意時，早已衷心渴望能和心愛的人，共同淺嘗愛的神秘滋味。

然而，這僅是自己的夢想階段。當有異性誘惑他們，並且有所要求時，他們卻又驚惶失措，產生一種連自己也無法理解的排斥感，因而有時會讓對方乾著急。

適合你的結婚對象

【屬鼠的人】

你們會以懇切、詳和的態度交往，但對方缺乏男性應有的魄

力，因此，這一類的人並不太適合你。

最好以普通男女朋友的態度交往，因為若兩人一談戀愛的話，你將會對他有許多不滿之處。

【屬牛的人】

儘管別人批評你是個「自掃門前雪」的人，屬牛的人卻始終站在你的一旁，支持你，為你打氣。

屬牛的他有著大海一般開闊的胸襟，包容你、關心你，使你過著夢幻般的生活；但你不可太過任性，凡事適可而止。

【屬虎的人】

屬虎的人，自我意識較為強烈，不顧別人的批評，仍然我行我素，你對於他這種過於主觀的態度不甚欣賞。有時候，你會希望他在做事之前，多為他人著想。但是，這一類型的人並不適合你，應保持距離為宜。

【屬兔的人】

你們二人最大相似之處，是祈求一生平安無事。但你並不欣賞他斤斤計較、小心翼翼的態度，因為你希望他能以開朗的胸襟去待人接物。

你必定能從他的身上看到自己的缺點，然而，長期面對和自己有同樣缺點的人，是令人無法忍受的。

【屬龍的人】

你有保守主義的傾向，但不一定就滿足今日的自我，而是想有所突破，飛出狹窄的生活範圍，盡情遨遊於海闊天空。屬龍的他，能幫助你完成心願，並與你共享遨遊的樂趣，因此，你們彼此均能以誠懇的態度交往。

【屬蛇的人】

屬蛇的人的心思，往往令人捉摸不定，所以，你對於他是否真心愛著自己，感到困擾不安。

你和他在一起時，很難打開他的話匣子，只有在日常生活上多關心他，或許能獲得真摯的情誼。

【屬馬的人】

你一直嚮往過著風平浪靜的生活，假如屬馬的人突然闖入你的領域，那麼，他將帶給你生動有趣、充滿活力的生活情趣。

屬馬的他心直口快、直言不諱的個性，或許令你感到難堪，但卻不很生氣，因為你相當欣賞他那平實無偽的作風。

【屬羊的人】

屬羊的他具有溫馴、柔順的性格，喜歡在受保護的環境中生活。這一點令你感到不很滿意。

你所尋求的對象應是足以保護你的，因此，你常在心中吶喊：「不要老是畏畏縮縮，要出來接受社會的考驗才行！」但他對你也可能有同樣的期望。

【屬猴的人】

你一直過著嚴謹而有規律的生活，有時候或許會覺得單調乏味。猴年生的人有滑稽、精靈的一面，可以改變你周圍的氣氛。

屬猴的人能使你笑口常開，加上他親切、隨和的性情，對你來說，他是你的最佳拍檔。

【屬雞的人】

你並不適合屬雞的人，因為，他那靈巧的個性，以及八面玲瓏善於處世的態度，令你不敢恭維。

你所欣賞的人是實實在在、說到做到的人；可惜屬雞的人並不能令你滿意，因此，你們只能做個普通朋友，不可深交。

【屬狗的人】

你和他都很注重禮尚往來，絕不欠缺人情；但屬狗的人還兼有高度吃苦耐勞的個性，而你卻有點無法忍受此一性格，因為你喜歡充滿浪漫、快樂的氣氛，因此，他無法滿足你的要求。

你並不希望他進入自己的生活範圍，故保持普通的交往即可。

【屬豬的人】

屬豬的人共同的特徵是為人正直、認真工作。不論在家庭或公司裡都頗有人緣；但是，你卻會覺得他有點不拘小節。

舉止優雅的你，喜歡風趣、幽默的紳士型人物，但因屬豬的人較不拘禮節，故無法獲得你的芳心。

如何表現你的魅力

你應該把重點放在如何表現出甜美可愛的笑容，你是位個性溫馴、善良的人。儘量強調原有的純情，再加上大家閨秀的舉止，這是你表現魅力的最佳方式。

或許有些男士較欣賞成熟嫵媚的女性，而認為你太嫩、太小，因而對你有所忽略時，你不可故作風情萬種的姿態，以免讓人啼笑皆非，總之，你仍要繼續強調「清新脫俗」的一面。

最後，還要留意說話的內容，不可過於幼稚，或是讓人感到俗不可耐，這樣會令你毫無魅力可言；應該多方面去充實自己的知識，使你的談吐更有女人味。

選擇適合你的對象

不論是同性或異性，你都應該選擇動作靈巧而有幽默感的人，只有他們才能帶給你美滿充實的人生。有時候，你會覺得他們過於輕率，令你吃不消；但這種個性的人才是你的好伴侶。如果你選擇和自己性格相同的人，由於你們兩人都是小心翼翼地行事，對你們的人際關係將毫無幫助。

在學業和事業方面，應選擇做事有魄力，眼光遠大的人，這樣一來，在對方為你舖設康莊大道的同時，你也能做好萬全的準備。

給你的建議

【學業】　A型鼠年生的人，具有孜孜不倦的求學態度，對於各門功課都能全力以赴，故能獲得良好的成績。

為了日後有更好的發展，應該廣泛閱覽教科書以外有益的書籍，藉以提升知識水準，並且增加見聞。

【事業】　在團體中，更能堅守工作崗位，心無旁騖地工作。但為了讓同事、上司更加肯定自己，你還需要有高瞻遠矚的眼光。

一旦自己當上了主管時，有知人善用的眼光是很重要的。

【經濟】　在十二生肖當中，這是最具有儲蓄能力的人，為了不斷地積財，他們寧願過著儉樸的生活。

若想獲得更多的財富，須毫不吝惜地將錢財用諸他人身上，做為一種投資；放長線，才能釣大魚。

【健康】 有生理不順、低血壓等煩惱。

早餐要吃得好，並積極參與各項戶外運動。避免飲用咖啡、香菸等刺激性物品，應隨時保持身心的愉快。

A血型

牛年生的人

性格——一旦下定決心，絕不輕易改變

A型牛年生的人，具有行事小心謹慎的態度。在做任何事之前，都需做一番周詳的考慮、觀察，若無法確定「萬無一失」的話，決不付諸行動。

他們不僅在學業、事業方面如此，就連交朋友也一樣抱著謹慎的態度。充滿陷阱的地下舞廳，以及各類型的不正當場所，是找不到他們的蹤跡的。

此外，A型牛年生的人，還具有一種牛脾氣，只要他決定做某事時，即使是再大的風雨，也阻止不了他貫徹到底的決心。因此，周圍的人常認為他是「像牛一樣倔強、執拗的人」。

的確，他們像牛一樣具有始終如一的個性，所以，常獲得人們的信賴。

A型屬牛的人，決不可能表現出曖昧的態度，或是做事馬馬虎虎、拖泥帶水；由於他們的性格純正樸實，故而很厭惡說謊。

若能瞭解他們的個性，則能與之融洽相處。但是，人們常忽略了他們的優點，認為他們有著像牛一樣倔強、不易妥協的個性，因此，他們的朋友並不很多。

另外，A型牛年生的人，還有一種我行我素的個性，但他們不會做出傷害他人，或是使人難堪的事情，而對於和自己無多大關係之事，表現得極為冷淡，只顧堅守自己的領域。

人際關係——堅持己見

在團體之中，A型牛年生的人不愛出風頭，很少做個人秀或語驚四座的舉動。對於別人所做的決定毫不在意，他只是默默地堅持己見。

剛開始與人交往時，不輕易打開話匣子，因此，給人不易相處的感覺。他是死也不會做出討好別人的態度。即使遇到心儀已久的人，他也決不會主動去找人交談。

但是，一旦與之深交，他會認為「這人是我的知己」，就像變了一個人似地，悉心地照顧他的好朋友。若與其建立了深厚的友誼，即使往後因畢業、就業，或各組幸福家庭，而不能再時常見面時，他也會對你保持永恒不渝的情誼。

他不喜歡在背後批評別人，即使聽到別人在搬弄他人的是非時，他會表現出不悅的神情；如果被人議論的對象是自己的朋友，他也會覺得像是自己受到批評一樣地氣憤。

對於交往不深的人，A型牛年生的人喜歡將自己的想法加諸別人，又加上倔強、堅持己見的性格，使得他們不易和別人建立友誼。

人生——在大公司裡能勝任推動的工作

A型牛年生的人，能夠在某一特定的範圍中求發展。他非常瞭解自己的能力和志向，對於自己的生活範圍也相當滿意，他是不會輕易離開屬於自己的天地。

在參加入學考試方面，他決不填超出自己能力許多的學校，而是填上自己有把握考取的學校。在面臨選擇職業之際，雖然聽取長輩、親友等人的建議，但最後仍會按照自己先前的計劃行事。

他並不計較公司部門是否繁雜，或是薪水的多少，只要能讓他發揮所長，他一定全力以赴。由於個性較為安定沈著，可靠而穩當的企業機構相當適合他，亦可從事於金屬、金融等穩定的行業。

他們很樂意成為團體中的「齒輪」，他們具備了推動各項工作的條件與能力，因而能在崗位上發揮效用，貢獻所長。

對於任何事務，都抱著認真、努力的態度，因此，在獨立創業之時，相信必能有所成就；但是，在還沒有百分之百的把握時，決不輕易冒險走出屬於自己的天地。因對各種改變無法即刻適應，所以，在進入一個新環境時，需要花一段時間去學習、適應。

機運——中年以後的運勢飛黃騰達

充分瞭解自己的能耐，決不輕易答應無法勝任的事，此一個性根深蒂固，不易改變，因此冒險對他而言，是一件相當危險的事。

踏著堅定、穩重的腳步，貫徹到底，也許有人會後來居上，不斷地超越他，但只要他繼續發揮堅忍不拔的耐力，以後必能獲得大好良機。尤其是在中年以後，此種勤奮不懈的工作精神，將會得到豐碩的果實。

職業——選擇純熟、穩練的工作

A型牛年生的人，會選擇需專心一意、穩當熟練的工作，同時發揮勤奮忍耐的性格，則必能為自己開創美好遠景。華麗而且講究氣派的外交工作是不適合他的，但是，他卻很適於從事烹飪、打字、翻譯等需要熟練技巧的工作。

此外，經營果園或從事畜牧業等，與大自然有關的工作也是很不錯的。

A型屬牛的人，對於從事那種工作，是經過再三的考慮之後才決定的；一旦加入某一行業，就不輕易更換它，而有終身奉獻於此工作的精神。

愛情——追求堅貞不渝的愛

A型屬牛的人，其戀愛的方式相當獨特，宛如初春含苞待放的花朵，羞澀中帶有韌性。

這不是一見鍾情，或者能馬上迸出愛的火花的類型。他們往往需要長時期的觀察對方，從各方面來探尋對方的心思，然後才慢慢地輕灑愛苗。

他們無法接受對愛情抱著遊戲人間態度的人，縱使對方的條件不錯，但卻是個愛搞男女關係的人，這會使A型屬牛的人不屑一顧，因他們追求的是對愛情執著而忠貞不二的人。

然而，這種類型的人並不曾因熱戀而使自己失去理智，現實的問題是他們不願忽視的。例如他們遇到一個一文不名的窮小子，不管他有再大的魅力，A型屬牛的人，是不會動心的，因為他們的理智勝於情感。

即使戀愛，也要求保障與穩定，「只要愛情，不要麵包」的作風，對他們來說是不可能的事。一旦與人談戀愛，除非對方先對愛情不忠實，否則，他們是不會改變心意的。

婚姻——是位能幹的賢妻良母

結婚之後，必能成為相夫教子的賢妻良母。尤其擅於安排家裡的一切支出，是個精打細算的賢內助，因此，雖然靠薪水過活，也能在開源節流的情形之下，使生活不虞匱乏。

但在平靜安詳的家庭裡，倘若遭到挫折、阻礙，例如丈夫事業觸礁或婚姻中有第三者介入時，也可能會引起軒然大波，發生家庭破裂的情形。

另外，由於生活態度嚴謹，不擅於製造幽默輕鬆的氣氛，也有可能成為嚴厲的母親，或使先生懼內的太太。

性愛——堅守純潔的原則

即使對於自己的未婚夫，也堅守拒絕婚前性行為的信念，所以，更不可能與別人發生不正常的關係。對於和異性的交往，都保持一定的距離，往往被人誤解他們對異性不感興趣。

在第一次嚐試之前，他們必會死啃書本以獲得知識，如果對方做出超越書中所記載者，他們就會懷疑對方是否有毛病。

適合你的結婚對象

【屬鼠的人】

對於固守在自己的小天地的你而言，鼠年生的人，會帶領你走入多采多姿的世界。

屬鼠的他有著瀟灑爽快的個性，他雖然強迫你離開心愛的小天地，但不久之後，你將會看到一個色彩繽紛的世界，因而改變了原有的生活情趣。

【屬牛的人】

你們很適合在學業及事業上並肩奮鬥，但除此以外的交往，將很難產生快樂的氣氛。

由於你們皆不善於交際，在談話方面的題材更是少之又少，兩

個同是屬牛的人，個性過於相近，反而很難製造生活的樂趣。

【屬虎的人】

屬虎的人相當熱心，一看到別人遭遇困難、麻煩時，總會挺身而出、鼎力相助。對你來說，這卻是不必要管的閒事。

屬牛的人不喜歡別人幫忙，再大的困難也要靠自己一一去克服；因此，很可能錯失與屬虎的人相交往的機會。

【屬兔的人】

你們對於人際關係方面，都採取謹慎穩重的態度，彼此談話時都略有神經質，因此，往往在還未有進一步的瞭解時，就此打住了。

如果你不先找話題與其交談，你們就沒有交往的機會，所以要與兔年生的人做朋友，則需採取主動、積極的態度。

【屬龍的人】

屬龍的他有強烈的表現慾望，尤其是喜歡領導別人，而你天生不喜歡受人擺佈，因此，你們相處得不太愉快，甚至會影響周圍的人。

如果你們想做朋友的話，最好保持距離。

【屬蛇的人】

屬蛇的人不會將自己的煩惱或不悅表現出來，能和別人維持誠摯的友誼，所以，你盡可放心地和此人做朋友。

你們交往一陣子以後，二人的關係會愈加親密，也能成為無所不談的好朋友。

【屬馬的人】

屬馬的人較心直口快、毫無隱諱；當你發覺你向他說的悄悄話

被第三者知道時，對此你將會感到很不滿意，因而破壞了你倆的感情。因為你無法忍受他這種急於向人炫耀的態度。

最好跟他保持普通朋友的交往即可。

【屬羊的人】

屬羊的他具有保守、內向的性格，即使與你交往，他絕不採取主動積極的態度去追求你。

所以，此刻正是你發揮耐心的時候，你必須形影不離地跟著他，這時，他就會受到你的誠心所感動，而以同樣的熱情回報你。

【屬猴的人】

屬猴的人對於工作較缺乏耐心，也很容易產生厭倦，因此，往往一件事情尚未完成，又去著手另一件事。

你時常對他的工作態度有所怨言，更會後悔將事情交給他去辦，因為你會覺得「與其交給他做，倒不如自己動手」。你們最好做普通的遊伴為宜。

【屬雞的人】

你的共同特點是，不依賴別人，而以自己的信心和毅力去創造美好的人生。

只要彼此尊重對方的生活方式，時時鼓勵、關懷對方，你們一定能成為最佳伴侶。若要使感情有所進展，必須有時常單獨相處的機會。

【屬狗的人】

屬狗的人乍見之下，具有誠懇正直的態度，而你也認為他很適合做為終身伴侶，但是，他那對於事事不滿的言行，卻令你感到很失望。

為避免日後你對他怨言百出，最好從一開始就保持距離交往。

【屬豬的人】

無論任何事情，他都會採取過於積極、熱心的態度；而你則是經過深思熟慮才去行事的人，對於他這種過於魯莽的行為不免感到幼稚、可笑。

你可能無法接受他冒失的追求方式，因此，你們永遠無法「來電」。

如何表現你的魅力

你在人品和性格上的表現不錯，只是很少表達自己的意見，因此，難以獲得大眾的支持。若你裝出極不自然的積極態度，反而會弄巧成拙。所以，最好在含蓄保守之中，表現出你獨樹一幟的內在美。例如，穿著典雅的套裝時，不妨在胸前加上亮麗耀眼的裝飾品，這種強調重點的搭配，無形之中可增加你的魅力。

最好向善於交際的人，學習各種待人接物的方法。

選擇適合你的對象

舉止瀟灑而個性爽直的人，可以成為你的最佳拍檔。起初，或許你無法適應他們活潑外向的行為，但是，不久你將會發現自己也有開朗豪爽的一面，而且展現在你眼前的也將是一片美麗的畫面。

此外，在選擇學業及事業上的同伴時，應以個性相似者為宜，如屬牛、屬狗等人都很合適。以開朗、坦率的態度與人交往，是你今後努力的重點。

給你的建議

【學業】 對於英文、社會等需要記憶的科目非常拿手。但是，像數學、作文等需要頭腦思考的學科，則感到很棘手。

最好時常閱讀書報、雜誌，或是藉著電影的欣賞，以提升思考的能力。

【事業】 雖然不是從事於最熱門的工作，但是，將來必能獲得大家的支持與尊重。

追求唯美的你，若過於拘泥小節，反而使自己寸步難行，坐失大好良機。

【經濟】 你很善於理財，能將資金做最完善的運用；對於日後的發展，也預先做了周詳的計劃。你是位「生財有道」的人。

在成功之前的青年期，你必需忍耐艱辛的日子，那麼，將來必有豐碩的成果等著你。

【健康】 無論身心各方面的情況都很良好，但須注意不可過於肥胖，年輕時倒沒什麼關係，中年以後，要預防因肥胖造成的心臟病、糖尿病等。

平時應攝取均衡的飲食，並做適度的運動。

A血型

虎年生的人

性格——具有陰性與陽性的雙重性格

A型虎年生的人，同時具有消極、積極的雙重性格，這兩種對立的性格，複雜交錯地相互存在，使得他們產生了微妙的性格。

他們看起來頗具蓬勃的朝氣，和任何人都能表現出熟絡的態度，因而能成為團體中受人矚目的靈魂人物。他們也喜歡照顧別人，只要能幫助他人，即使自己犧牲一點也毫不在意。

行動極為自由奔放，因此從旁人看來，他們似乎是個危險人物。

然而，他們的內心卻相當保守、平實，雖然有隨和、開朗的外表，但這是他們保護自己的一種方式。別人或許以為他們有許多親密的朋友，實際上，他們因親密程度的不同，交往的方式也不一。

雖然他們的性格很爽朗，但出人意料之外地，他們也有害羞靦腆的一面，例如，平時威風八面的他們，一旦置身於大場面裡，又會覺得很不自在。

他們的個性雖是自由奔放，但也堅守自己的原則，如果你認為他們是很容易與人相處的話，那麼，你會因發現他們保守的性格而驚訝。這是因為在其內心深處，A型人特有的消極與執著，時時支配著他們的言行舉止。

人際關係——與人交往愈深愈表現出性格的多變

A型虎年生的人相當情緒化，在與人交往之際，今天和昨天的態度可相差十萬八千里，這種轉變往往使周圍的人吃驚不已；當然，對於普通朋友，是不會做出如此性格上的轉變，但是，對於愈是親密的朋友，愈表現出其性格上的極端變化。

A型虎年生的人，並非有意轉變其性格或態度，而是他們在不知不覺中，表現出豪放開朗的虎年生的性格，以及自我封閉的A型性格。

實際上，沒有比A型虎年生的人還更善良的，他們為朋友赴湯蹈火也在所不辭，有時候，也會因煩惱自己的事情，而忘記關懷別人。如果你把A型虎年生的人，當做終生依賴的對象，遇到此種情形時，一定會使你大失所望。

A型虎年生的人，非常在意別人對自己的評價，尤其是聽到不好的評論時，平日的爽朗將會消聲匿跡，取而代之的是長時期的苦悶與消沈。

人生——積極與踏實的結合

同時擁有虎年的積極向上的性格，以及A型的誠懇踏實的態度，就像個十項全能的運動員。他們無論在組織上或團體之中，都能充分發揮能力，獲得上司的器重。

他們常有規模宏大的計劃，為了實現美好的理想，會訂出精密的計劃表，然後再一步步地付諸行動。

但是，凡事若過於順暢，則有害而無益，就像充滿自信的運動員在賽跑時，不小心會被跑道上的小石粒絆倒。

失敗的原因，即在於A型虎年生的人過於自信，由於他們在能力、知識、耐心等各方面都超人一等，因此對於自己抱有充分的信心，然而，過於自負則使其蒙蔽雙眼，且在毫無防備的心理下，會因為遭到小小的挫折而失敗。

A型虎年生的人，常因自己已有的卓越成就，而忽略對弱者的照顧，以致被人批評為「有才無德」，這是因為他們過於在意自己的成功與否，而疏忽了對朋友的關懷所致。

機運——不錯過任何機會

他們的內心積蘊著強烈的慾望，因此，再小的機會也不願輕易放過。更有面對重大挑戰的勇氣，所以，他們往往掠奪別人的機會。同時，他們在獲得機會之後，會更儘量表現出自己的才能，以求工作有所成果。

只是過於貪心的態度，常導致別人的強烈反感，所以，勿忘以平等互惠的精神，獲取公平競爭的機會。

職業——克制情緒化的性格必能獲得成功

同時具備膽大、心細的人，無論從事於何種職業，必能有優異的表現，例如，他們很適合從事醫生、外交官、律師等令人羨慕的行業；或在工商界、銀行界等方面，也有令人刮目相看的表現。

若能壓抑住情緒多變的性格，就能開創一條光明坦途；但不要太在意別人的眼光，凡事若照著別人的要求去做，反而容易妨礙自己的發展。

愛情——也有積極與消極的二元性

A型虎年生的人，在愛情方面表現積極與消極的雙重性格。表面上看起來，他們似乎很嚮往羅曼蒂克般的戀愛。由於不斷地更換異性朋友，因而經常有令人羨慕的異性朋友圍繞其身邊，所以有「交遊廣闊」的封號。

但是，若仔細觀察他們和異性交往的情形，將會發現他們也有令人驚訝的保守態度；在眾人面前或許表現得很親熱，但在和異性獨處時，卻是非常冷靜、穩重。萬一對方有非份的要求，或過於親密的舉止，他們會斷然地拒絕，表現出A型人木訥與矜持的特性。

如果有人被他們親切爽朗的外表所騙，而以積極的態度追求他們，那麼，必會令人空歡喜一場，傷心離去。而他們也會一再地更換異性朋友，這是因為他們跟任何人都是保持普通朋友的緣故。外表看來熱情洋溢，內心卻極端保守，二者之間，的確有相當大的隔閡。

婚姻——善於製造愉快的家庭氣氛

A型虎年生的人，能過著幸福的家庭生活，尤其是個性穩健、精力十足的女性，善於理家，使家人過著清爽舒適的生活。

假若另一半是脾氣暴躁的人，他們反而變得軟弱無助的樣子，並且把委曲與不滿積壓在心裡；然而，一旦爆發起來，其後果將不可收拾，這時候就需要以寬容體諒的心情來解決一切問題了。

性愛——「歷史派」的代表

若將性愛分為「歷史派」（只和一個異性交往）與「地理派」（同時和許多異性交往），那麼A型屬虎的人是典型的「歷史派」。

雖然他們平時的交友情形，常被人們誤認為是「地理派」；實際上，他們只想全心全意地和一位異性朋友交往，但要決定這一位朋友時，往往需要很長的一段時間，一旦決定之後，就會死心塌地的愛著他。

適合你的結婚對象

【屬鼠的人】

你不喜歡他那愛管閒事、好出風頭的個性，因為他總是搶奪了你率先為眾人服務的機會。

如果他能瞭解你熱心助人的性格，並成全你的心願，那麼，你們可以相處得很融洽；如若不然，則會造成尷尬的場面。

【屬牛的人】

平日精力充沛、個性活潑開朗的你，遇上了屬牛的人，你開朗的個性會轉為頑固，並與之對立。

雖然不是有意使情緒惡化，但二人都堅持自己的想法，而絲毫不肯讓步。

【屬虎的人】

在心情愉快的時候，你們的交往會很順暢，但過份的自信，使你們常有互相對立的情形。

即使二人在戀愛之際，也會為爭領導權而相持不下，所以最好保持距離，勿交往過深，以免傷害對方。

【屬兔的人】

即使你本著行俠仗義的精神，為別人奔走服務，屬兔的他仍舊以懷疑的眼光注視著你。

只要你的做法稍有一點不合他的心意，就會受到他毫不留情的批評。總之，你們並不是相稱的一對。

【屬龍的人】

你的感情起伏不定，屬龍的他很在意這一點，因為他自己也正為此一性格而煩惱。

假如你能掌握住他情緒的變化，你們一定能成為好朋友，但這一點很難做到，只要保持距離交往即可。

【屬蛇的人】

情緒化的你，與性格開朗的人，較容易成為好朋友，但屬蛇的人較富有心機，而且疑心病很重，須多加注意。

最好以率直誠懇的態度與他交往，若自己有過錯，應勇於認錯並道歉，這樣，二人才能和平相處。

【屬馬的人】

你非常欣賞他活潑大方的態度，在他的面前，你可以毫無拘束

地表現自己的長處。

你們都有堅持己見的性格，甚至會有吵嘴的情形，但卻無傷大雅，反而能增進二人的感情。你們是非常相稱的一對。

【屬羊的人】

你總是想使周圍的氣氛變得很愉快，但是，屬羊的他卻無法與你配合，這是由於他謹慎的性格所致；有時候，你會覺得他並不喜歡和你在一起。

但是，不必太在意他的態度，盡情地去玩吧！

【屬猴的人】

屬猴的人善於交際，所以，你們必能談得很投機。但是，有時候為了贏得你的激賞，或許會做出令你不悅的事，甚至使你下定決心，不再見他。這時，你可以毫不客氣地指責他，勸他再三反省，並改過。

【屬雞的人】

性格豪放開朗的你，遇到屬雞的人，一定會有鬱悶的感覺。由於他缺乏實行力，尤其是對愛的表達，常常使你等得不耐煩。

假如你能耐心地等待，你們將會有令人滿意的結果。

【屬狗的人】

他誠懇的態度頗令你感動，你也願意為他做任何事情；你們是很合適的一對。

結婚之後，你會使家庭充滿愉悅的氣氛，並能幫他在事業上求發展。

【屬豬的人】

屬豬的他具有爽朗的性格，似乎與你非常相稱，但是，他卻永遠無從欣賞你的優點。

他的自我意識較強烈，你和他在一起，常有受忽略的感覺。

如何表現你的魅力

首先，在精神方面，需注意控制自己的情緒。時常表現出溫柔善良的性格，極力避免任性的行為，以免使人感到難堪。

一會兒笑顏逐開，一會兒愁眉苦臉，再也沒有人比你更情緒化。縱然遇到不愉快的事情，在表面上應盡量保持平靜的態度。永遠帶著溫和的笑容，可拉近自己與他人的距離，並且能讓別人感到你那親切善良的本性，更能增加你的魅力。

選擇適合你的對象

莊重踏實的人，可成為你的最佳拍檔，因為他能包容你情緒化的性格，唯有他才能安撫你、保護你。假若他與你同樣是感情起伏較大的人，結果，你們可能會為了適應對方而把自己弄得疲乏不堪。你最好選擇多才多藝，而且性情忠厚老實的人。

然而，如果你只想利用對方，或是對朋友抱著輕視的態度，那麼，你一定交不到朋友，所以，要以寬容、體諒的心情去對待朋友，這樣，別人也會以相同的友誼回報你。

給你的建議

【學業】　你在課業方面的表現良好，但切忌過於自負，以免造成美中不足之憾。

只為了在學校爭排名而死讀書，甚至忽略了課外的知識，那麼，你只能成為一隻井底之蛙。應將眼光放遠，廣博地閱覽書籍，才是上上之策。

【事業】　A型虎年生的人，具有卓越的社交能力，對於事情的處理與交涉，也有獨特的做法。

但是，這種獨斷與專橫的傾向，常使得上司、屬下對你敬而遠之，因此，要常體諒別人的立場。

【經濟】 你的一生都能過著不愁吃穿的生活。穩重踏實的你頗能積財，但偶爾也有揮金如土的習性，使得財物揮霍一空；因此，請時時注意用錢要有節制。

【健康】 要注意神經性胃炎、十二指腸潰瘍等消化系統的疾病。常因熱衷於事業或學業，使得飲食沒有規律。連續的熬夜使得身體更衰弱，因此，需要有正常的作息時間。

A血型

兔年生的人

性格——踏著穩健平實的腳步邁向人生

A型屬兔的人，個性較為平穩、溫和，無論做任何事情，都不會抱持極端的態度，而能經常保持平衡的情緒工作。

對於自己的前途、人際關係等方面，寧願採取協調平穩的步驟，甚至於戀愛亦是如此。由於對凡事都採取平衡的步調，因此，相當重視以世俗的眼光，來評斷事情的好壞。他們厭惡處事無一定準則的人，或是行為超出社會的道德規範者。另外，對於好出風頭的人，或是無所事事的小混混，也投以輕視不屑的眼光。

但是，A型屬兔的人，即使面對著自己不喜歡的事物，也不會顯露出厭惡的表情，對於那些令人不悅的事情，他們總是避而遠之，要不就是閉而不見。

此外，他們非常憧憬美麗的事物，對於美術、藝術抱有強烈的好感，也相當注意服飾方面的流行趨勢。

A型兔年生的人，其最大的特徵是，凡事採取中庸的態度擴展美的感受。他們所表現出來的冷靜與親切，纖細與時髦，都是從上述的二種性格發展出來的。

人際關係——以犀利的眼神洞悉別人的內心

A型屬兔的人，有一對敏銳的雙眼，善於察顏觀色；即使是不很深交的朋友，也能確實掌握其內心的想法。

由於性格平靜而保守，在人際關係方面似乎是處於被人領導的地位。實際上，他才是真正的領導者。因為他善於悉心觀察，且可隨時支援人們的所需，並加以配合協調。

他們時常笑容滿面，散發著溫柔的氣息，似乎對任何事均能表現出平穩的作風；實則不然，他們只是將不滿的情緒壓抑在心裡，不說出來罷了。

崇尚「唯美」是他們的一大特徵，對於自己不喜歡的事物，寧可稍微忍耐也不願直接說出來。總認為指出別人的缺點，對自己是毫無幫助的。

然而，在其心中早已認定的事，他們是決不輕易改變的。和A型屬兔的人長久相處之後，將會發現其冷漠的一面，甚至有不易與人親近的感覺。

人生——過著適合自己身分的生活

A型屬兔的人，具有淡泊的人生觀，他們從不刻意矯飾，而是過著配合自己身分的生活，一步步地踏上人生的旅程，因此，不必擔心會遇上大風大浪。

他們頗有自己獨特的個性，這並不是在孩提時代早已決定的，而是在步出社會之前，早已確立的人生方向。他們憑藉逐漸顯現出來的個性，對將來的發展做了周詳的計劃，為了使自己過著安穩、風平浪靜的日子，其生活的步調，完全按照此一計劃進行。

當然，他們的計劃表並非充滿了美麗的幻想，其中也包括了一旦遇到挫折時，應採取的應對方法。

或許會有人批評他們的人生缺乏趣味，事實上，他們自己也察覺到這種乏味的人生，但是，此種想法會在腦海中閃過，因此，對其人生觀無多大影響。只有對藝術抱有強烈熱愛的人，才有突破此一障礙的勇氣。

機運——有時須拿出冒險犯難的精神

A型屬兔的人，總是以冷靜機智的眼光，觀察自己的人生，所以，他們能夠巧妙地把握機會。

然而，令人遺憾的是，他們在面臨抉擇的時候，往往不知如何是好，就在他們猶豫不決的時候，大好時機卻悄悄溜掉了。因為A型屬兔的人，不喜歡冒險，所以，一生都過著平淡樸實的生活，有時候也必需勇敢地面臨抉擇。

職業——勿從事競爭激烈的工作

A型屬兔的人，個性很溫和，而且熱愛藝術，是一個在各方面均很活躍的人。由於廣結人緣，很適合從事舞台工作。

但是，競爭激烈，講求利害關係的工作，並不適合他們，例如，政治界或工商界等等。

最好從事於能發揮自己的才能，並且不受人干涉的工作，例如，設計家、服裝模特兒、空中小姐、建築師、演藝人員等工作，都是適合的職業。

愛情——憧憬「理智性」的愛情

A型屬兔的人，在戀愛時，也深受「協調一致」觀念的影響。他們對於引起旁人側目的熱戀，或是因戀情而導致的糾紛或鬧劇，感到十分厭惡。他們寧可不談戀愛，也不要引起別人不必要的誤解。

這並不是說他們不渴求愛情，他們對於建立在雙方心靈深處的「理智性的愛」，懷著強烈的慾望。

如果遇到心儀的人，他們會在一旁靜觀其變，看看對方是否抱有和自己相同的見解？是否採取協調一致的步驟？是否和自己一樣有豐富的常識？

假使對方符合自己的條件，他們會立即展開追求的攻勢，並且將對方列入自己將來的計劃之中，因此，有人認為他們目中無人，過於傲慢和自信。然而，戀愛也需要靠緣份，即使在感情上遭遇挫折，他們決不會表現出失意的樣子。

婚姻——夫妻互相尊重對方

在結婚之後，他們仍然很尊重對方的意見，他們不同意一方佔優勢，而另一方就需順從遷就的婚姻生活。即使自己處於優越地位，他們也不願意驅使別人。

但這並不表示在婚後要各行其事，而是希望互相體諒、尊重對方的立場與性格，共同建立幸福的家庭。

性愛——以社會道德規範爲原則

A型屬兔的人，在性愛方面也以社會的道德標準來衡量，也就是說，他們很重視目前的倫理道德觀念。例如，第一次性經驗的平均年齡、夫妻間性生活的次數等問題。他們對於這一類事情都知道得很清楚，並且很在意自己的行為不符合社會的一般形態。

他們無論做任何事情，都要經過大腦再三思考，詳細的加以計劃、實行，所以很難隨著熱情而享受性愛。

適合你的結婚對象

【屬鼠的人】

屬鼠的人，能夠靈活地與各種人物交往，但你不怎麼欣賞他卓越的外交本領，因為你時時壓抑自己，並期望與四周事物協調配合。或許你會認為他很好出風頭，愛求表現。所以，你們只有做普通朋友的緣份。

【屬牛的人】

屬牛的人和你一樣，都不喜歡自我表現。如果你想與他交往，那就必須主動找機會跟他們交談。雖然你能毫無矯飾地與之閒話家常，但一談到令他們不滿的話題時，便會怒目相向，彼此爭論不

休。可見，想要和他做個朋友可真不容易呢？

【屬虎的人】

屬虎的人個性好強、倔強，對於任何事情，都表現出強硬的作風，你沉默謹慎的態度，使得他們更獨斷專橫。

你並不是討厭聽別人的指揮，只是，你也有屬於自己的生活範圍，並且不希望別人干涉與自己切身相關的事。

【屬兔的人】

你們行事謹慎冷靜，無論遇到任何突變，絕不驚惶失措，而本著平穩的心情，處理突發事件。

但是，別人卻不認為你們的能力值得重視，反而覺得你高深莫測，缺乏盎然生趣。

同是屬兔的人，很難溝通彼此的意見。

【屬龍的人】

屬龍的人，在自己熟悉的人群裡，態度會表現得大方自然，但一面對陌生人時，就會顯得侷促不安。

你對他在態度上所做的巨大轉變，相當不滿意。而你的冷靜沉著，更令他畏縮不前。

【屬蛇的人】

你很欣賞屬蛇的人所特有的一種魅力，但那只是短暫的憧憬而已。

屬蛇的人，易給人一種深不可測的神秘感，因此，他無法打入你的生活領域；同時，你也害怕他可能看穿自己的心思，而感到不安與惶恐。

【屬馬的人】

他會經常對別人品頭論足，你並不欣賞他的這種性格。而且，屬馬的人喜歡闊氣，追求享受，這一點和你樸實的人生觀有很大的差距。

性格上的差異過大，使得你們不能更深一層地做朋友。

【屬羊的人】

屬羊的人心思縝密，會仔細地觀察別人，並且安份守己，也能成為你的最佳伴侶。

即使你不把煩惱告訴他，他也會非常敏感地意識到你的困難，而全心全意地幫助你解決。只是有時候過份的關懷，反而會造成不便之處。

【屬猴的人】

原本你想和四周的人們，建立良好的人際關係，但是屬猴的人，對於你想要成為八面玲瓏的親善大使，很不以為然。因為他非常擔心這種無節制地濫交朋友，會受到眾人的非議。你們並不適於深交，做普通朋友即可。

【屬雞的人】

屬雞的人善於辭令，頗具有外交手腕。他能夠和你一搭一檔，使得周圍的氣氛更加活躍。所以，你們能很快地打成一片。

但是，你們交往得越深，他的自我意識就會越強烈，即使平日溫和的你，有時也會按捺不住心裡的憤怒。

【屬狗的人】

你，對於在團體中頗有表現慾的他，非但不覺得討厭，反而感到倍加親切。你將以滿懷熱情的心情來接納他，並且與其融洽相處。相信屬狗的人也會以同樣的態度來回報你。

【屬豬的人】

你最喜歡屬豬的男性，因為他對於任何事物都不做惡意的批評，對待朋友和善可親。

你們都有開放的胸襟，以及待人處世坦白的作風，即使互相小有磨擦，但事後都不會放在心上。他是值得你多加關懷與給予愛心的人。

如何表現你的魅力

A型屬兔的人，較為安份守己，不會做出突發奇想或是標新立異的事情。你們會時時提醒自己，應在社會上扮演何種角色。

或許在年輕時，你們的魅力不被人接納，但隨著年歲的增長，別人將會肯定你們的成就。同時，也會獲得較自己年輕的異性投以欣賞的眼光。有時候，與年輕人交往時，不妨穿著具有青春氣息的服裝，將能更增加你的魅力。

選擇適合你的對象

A型屬兔的人，具有溫和、穩重的性格，若在團體中發現有害羞、畏縮的人，此時，你會除去平日謹慎的外表，而誠心誠意地去接納、幫助他人。

也可以說你們是善於助人的好好先生，所以，A型屬兔的人，總是站在主動的立場，積極熱心地照顧別人。

受到如此悉心照顧的人，對於你們的耐心與愛心永難忘懷，因此，必定會加倍的回報於你。

給你的建議

【學業】　最適合你的讀書方法，是先訂好學習計劃，然後再按部就班地打好基礎，這樣才能得到讀書的效果；想要臨時抱佛腳是徒勞無功的。

你最擅於條理分析的學問，例如：科學、數學（尤其是因式分解）等學科。學習英語時，最好先從文法著手。

【事業】 非常重視工作上的人際關係，能夠如期完成自己份內的工作，所以會得到上司的欣賞與同事的敬重，你在團體中是相當有人緣的。

為了開創較具有發展性的事業，應將眼光放遠，並掌握住更遠大的目標。

【經濟】 使用金錢時，並不恣意揮霍；即使生活並不富裕，也不致有缺錢的窘境。

對於金錢的支配，是採用「量入為出」的方法；假使想要得到更多的財富，必需先做大膽的投資。

【健康】 由於凡事都想和他人的步驟協調一致，所以，常有神經方面的病痛；但隨著年歲的增長，且對於凡事都抱著淡泊的態度，因此，這種神經上的病痛自然漸漸痊癒。

但是，要注意肝臟等機能的疾病，盡量維持充分的睡眠以及飲食規律的生活。

A血型

龍年生的人

性格——敏感細膩在意別人的眼光

A型屬龍的人，從外表看來似乎個性活潑好動，並且對凡事都抱著毫不在乎的態度，其實不然，在其內心深處，有著細膩敏感的一面。

他們對於他人的評論，總是裝出無動於衷的樣子，但在潛意識裡卻非常在意別人的看法。他們認為受到別人的議論，是一件最難堪的事情。

他們不僅對自己，甚至對別人也有嚴格的要求。或許在常人看來，只是一件微不足道的小差錯，但在他們的眼裡，卻是非常嚴重的問題。

在待人處事方面，更能看出他們守正不阿的性格。即使是最好的朋友犯了嚴重的錯誤，他們也會毫不猶豫地與之一刀兩斷，而當自己有不正當的念頭時，他們更要督促自己嚴加反省。

此外，A型屬龍的人，有對於善、惡嚴加辨別的性格；而且，對凡事都有好強好勝的心理。其最大的特徵是抱持著勤勉正直，與勇往直前的人生觀。

人際關係——敵、友的意識分明

對自己和他人要求嚴格，並且毫不通融的A型屬龍的人，在其內心深處，卻也非常害怕寂寞；同時，他們也渴望四周充滿了溫暖的友情。

在與人交往的態度上，對於泛泛之交的朋友，或是彼此有所需求、互相合作的朋友，有很大的差別待遇。而且，他們最大的特徵是，經常意識性地分別對方是敵？還是友？他們往往從日常生活中微小的部分，仔細觀察對方的行為意向，找出誰是真正的朋友或敵人？

他們這種近似孩子氣的行為，常使得周圍的人不禁想著：「他究竟會講道理嗎？還是像孩子一樣任性胡搞呢？」

但是，和他們深入交往之後，A型龍年出生的人，也具有鄉下人純樸爽直的個性，因為在其嚴正不阿的內心裡，也有像孩子般天真無邪的性格。

人生——顯露A型溫馴善良的人生觀

屬龍的人不僅擁有天生超強的運勢，並且有豐富的才能，與其天生的運勢相得益彰。他們不論在政治、經濟、文化等各方面，都居於領導的地位。

假使能善用天生的運勢與才能，那麼，極可能獲得令人羨慕的成就；然而，A型屬龍的人不願意鋒芒畢露，往往在到達一定的境界後，就不再向前猛衝了。

也就是說，A型特有的細心保守的性格，可以抑制他們盲目地勇往直前所可能造成的不良後果。但是，過分地小心翼翼，反而無法充分地發揮出才能，因而錯失良機。

尤其是在工作時，如果一心只想配合公司的一切行政或工作的效能，必定無法施展自己特有的才幹，自然不能獲得別人的賞識。

A型龍年生的人，從不吝惜與人一同分享自己的成果，隨時將自己的快樂與家人、同事分享。

機運——擅於表現自我

A型屬龍的人，具有多方面的才能，並且能善加運用自己的才智。若好好地加以栽培，一定會有驚人的成就。但是，由於自視甚高，對自己的才識頗有自信，因此，一旦遭遇打擊，則易產生嚴重的挫折感，因而喪失信心、鬥志。

切記勿處處鑽營，消除與人爭勝的心理，誠懇地表現自己的才智與能力，並時時注意自我的充實，那麼，機會將不斷地來臨。

職業——先做廣泛地嚐試再找尋適合自己的工作

假使將A型屬龍的人，侷限在某一範圍之內，勢必很難發揮自己的才能。所以，應多做各種嚐試，任由他們發展其才幹。當然在決定自我的前途時，千萬不可操之過急，必須詳細地詳加計劃，尋找出適合自己的道路。

由於他們具有優異的才能，所以，不論從事任何工作都很稱職，但其中較適合的職業有電影明星、服裝模特兒等工作，較能滿足其表現慾望。

愛情——掙扎於強烈的愛意與消極畏縮的矛盾中

A型屬龍的人，在性格上最大的特徵是，即使心中有強烈的愛意，也難以表達出來。實際上，在其欲表示情意時，一種無形的力量控制了他們的思緒，使他們無法表達情感。因此，在愛情這一方面，A型性格中特有的消極性，常在緊要關頭出現。

在強烈的愛意，與消極畏縮的矛盾中不斷地掙扎，是一般A型屬龍的人，在愛情方面特有的性格。

對於自己心儀的人，雖然心中有無限的愛意，卻無法大方地表達出來，對方往往因無法捉摸其心中的意念，而驟然離去。他們的戀情常常會陷於這種令人惋惜的結果。

有些人將此無法表達的熱情，轉變成求學或發展事業的力量，然而縱使在事業或學業上有很好的成就，也仍然無法填補心靈上的空虛。

此外，對於不甚喜歡的異性，即使對方百般殷勤討好，他們仍舊無動於衷。除非對方是自己愛慕已久的心上人，否則他們絕不會主動去接近異性。

一旦和心愛的人結為連理，A型屬龍的人，將會不斷地散發出愛的火花。

婚姻——願爲另一半做徹底的犧牲、奉獻

和心愛的人結婚之後，其固執與嚴肅的性格，由於受到愛情的滋潤，有時會蛻變成和藹可親的人。

把壓抑了很久的情感宣洩出來，而全心全意的為對方做犧牲奉獻。但是，熱情得太過火，反而會使對方感到很煩惱。

另外，由於疼愛孩子的天性使然，他們也願意為孩子建立一個溫暖舒適的家園，當然也能使丈夫在外安心工作，無後顧之憂。

性愛——重視精神上的感受

A型屬龍的人，對性慾並不抱有濃厚的興趣，即使與異性相處在一起，就跟同

性間一樣，沒什麼差別，因此，很難產生男女之間奇妙的感情。

他們不很重視生活，只要感受到對方甜蜜的愛情，也會覺得十分滿足。

假使一旦受到性愛的迷惑，他們不再理會社會上的道德標準，會不斷地更換異性朋友以尋找刺激，即使在婚後，少數人也會有此傾向，所以要多加約束自己。

適合你的結婚對象

【屬鼠的人】

你和鼠年生的人一樣，從外表上看來都具有活潑開朗的個性，在內心卻有著細膩的感情。因此，你們也能互相瞭解、體諒對方，而成為很好的朋友。

只要不過分苛責對方，或要求對方達到某一特定的標準，你們將能長久地相處在一起。

【屬牛的人】

屬牛的人個性較為頑固，絕不輕易改變自己的想法，而你也是徹底堅守意念的人；所以你們相處時，很少會有輕鬆怡然的態度，反而常出現令人尷尬的場面。

當你們交談時，也猶如檢察官和辯護律師之間的問答，嚴肅而理智。

【屬虎的人】

屬虎的他在任何場面中，都能表現出從容大方，毫不畏縮的態度，自然成為眾人注目的焦點。這時候，你也許為自己的渺小而感到自卑、不悅。

但是，他絕不會以威嚇的態度來對待你，所以，不妨抱著輕鬆愉快的態度，和他做個朋友。

【屬兔的人】

你們二人在眾人面前總是保持著高貴的氣質，想要引起他人的注目，然而在二人獨處之時，卻有互相猜忌對方心思的意念。

由於彼此都不欣賞對方高雅的儀表，以及靈活的交際手腕，所以相處在一起，會產生不愉快的感覺。

【屬龍的人】

屬龍的人較善於表現自我，尤其喜歡在眾人面前展現自己的長處，但是，你對於他的這種行為有點看不順眼。

有時你對他循規蹈矩的性格頗有好感，而經過長久仔細觀察之後，你們將會發現彼此有許多缺點。

【屬蛇的人】

時常拿別人來品頭論足，是你們共同的特性，而且往往以偏激

的言辭互相批評對方。

當你們第一次見面時，都會給對方留下美好的印象。但繼續交往之後，因為擔心受到對方的批評，就隱藏自己的心意，而不以真誠的態度交往。

【屬馬的人】

屬馬的人常常毫無惡意地談論別人，但你卻很在乎別人對自己的評論，即使是開玩笑的話，你也無法按捺心中的憤怒和激動。

你們在交往過程中，時有意見上的爭執，因而往往需要第三者來為你們排難解紛爭。

【屬羊的人】

他那平淡謙虛的作風，常使你有受冷落的感覺，甚且懷疑他是否有意避開你。

這樣一來，你對他的所做所為，總是抱著懷疑的態度，同時，你的猜忌心也會越來越重，經常擔心對方是否對自己別有居心。

【屬猴的人】

你是個耐不住寂寞、冷清的人，而屬猴的他因具有隨和開朗的性格，最能深得你的歡心。

在他的面前，你將一反往常嚴肅的外表，像孩子般地快樂嬉笑。與他交往之後，喜歡批評他人以及高傲的性情，將會漸漸消失殆盡。

【屬雞的人】

他對於人際關係的處理方面，總抱著一絲不苟的態度，或許別人會覺得他未免太嚴肅。但你則認為他做事有條不紊，而且是個明理的人。

假使你常對他有過分的苛求，將會引起爭執，因此，凡事若能互相體諒，你們將會是很好的一對。

【屬狗的人】

你們都有倔強不服輸的個性，常常為一些芝麻小事而起爭執，有時甚至爭得面紅耳赤，事後卻又一笑置之。

你們二人與其成為戀愛的對象，不如結為學業或事業上的競爭伙伴，來互相激勵對方，以獲得更大的進步。

【屬豬的人】

屬豬的人廣結人緣，然而也有笨拙、不善於處世等缺點，雖然你對他抱有好感，但是，又很在意他的性格和自己過於相似，因而會逐漸遠離他。

你們最好保持普通朋友的交往即可。

調。

如何表現你的魅力

A型屬龍的人，具有強烈的自我意識，在與人交往的過程中，也欠缺圓滑與協調。

有時候不妨表現出柔弱、腼腆的態度，讓對方知道你也需要扶持，尤其是對親密的異性朋友，應大方地向他撒嬌，讓他知道在你嚴肅的外表之內，也有溫柔嫵媚的一面，使他更加憐愛你。

你在服飾與裝扮上，傾向活潑俏皮的類型，所以，不妨在穿著上下工夫，刻意顯出你成熟的韻味。

選擇適合你的對象

你是否能發揮或抹煞天賦的才能，這完全取決於你所選擇的伴侶。因為你很容易受到外來事物的影響，如果交友不慎，將會使自己的才華埋沒，甚至有一敗塗地的可能。

必需選擇與你志趣相投的同伴，以他們卓越的成就，做為你奮鬥的目標，或許他們無法給你適時的協助，但卻能對你產生自我鞭策的效果。

給你的建議

【學業】　你是個不需旁人苦口婆心地勸說，就能自動自發用功的人。德智體群四育並重，每門科目均有優異的表現，是個很優秀的人才。選擇適合自己興趣的學科，做為將來奮鬥的目標，必定使你出類拔萃。

【事業】　全心全意努力工作。雖然抱有敬業的精神，但缺乏「樂群」的態度，這樣會引起同事的不滿，不妨偶爾暫時放下繁重的工作，與同事間連絡情誼。在工作之餘，要率先帶領別人盡情地玩樂。

【經濟】　雖然有正確的經濟觀念，但在日常生活中，卻有胡亂花用之嫌。令人費解的是，時常因為同情心的驅使，而做出慷慨解囊的事，事後又覺得為別人花大把鈔票而後悔不已。但是，大體上看來，你一生的經濟情況還不錯。

【健康】 長時期承受重大的精神負擔，可能會造成視力不佳或肩酸等毛病，使你感到困擾。同時也要留心關節方面的病痛。

所以，對於一件事的得失不要看得太重，抽出時間為自己安排調節身心的活動，暫時忘掉緊張忙碌的工作，投身與大自然中。戶外運動對於消除精神上的疲勞頗有幫助。

A血型

蛇年生的人

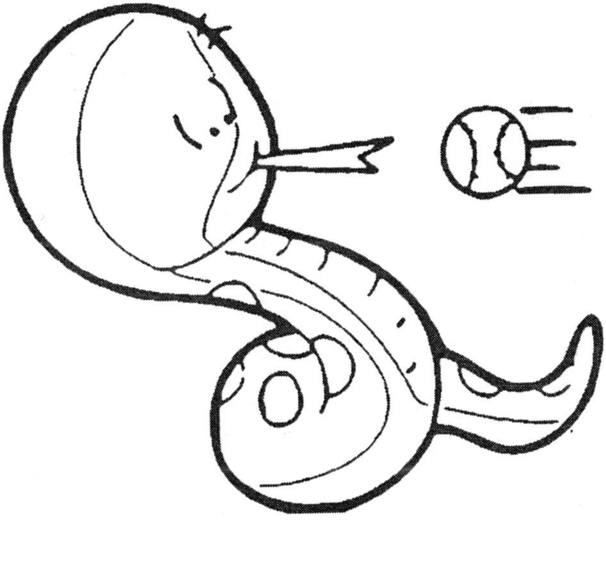

性格——像高原上的花朵般芬芳幽雅

A型屬蛇的人，氣質高雅穩健，即使沒有刻意的裝扮，也能讓人感到清新脫俗；總是以溫和的態度與他人交往，猶如開放在高山上的花朵一般，散發著優雅清香的氣息。

其最大的特徵是具有靈敏的感性，領悟性很強，對於四周所見所聞的事物，都有敏銳的反應。

聰慧的容貌，靈活眼神，全身散發著智慧的氣息，總是讓人有一種「與眾不同」的感覺。

而且生性沈靜寡言，更不喜歡論人是非，也不擅於表現自我，更是讓人感到他們的確與眾不同。

總之，周圍的人會自然而然地注視他們，他們也感到自己的存在受到別人的重視，而更加修飾言行舉止。然而過分的矯情，會讓人有裝模作樣的感覺，甚至認為他們很虛偽而遠離他們。

此外，A型屬蛇的人，尚有處事冷靜的性格。不論遇到多麼嚴重的挫敗，總不失其沈靜冷漠的作風。對於和自己沒有切身關係之事，絲毫不感興趣。

人際關係——善於把握與人交往的要訣

A型屬蛇的人雖不愛高談闊論，卻相當具有交際手腕，對於如何把握交際的訣竅，也頗有心得。

例如，對方需要的是什麼?自己應採取什麼步驟?要如何才能增進協調的人際關係?……等等。他們具有迅速與人交往的種種方法，並且能付諸行動。

由於深諳交友之道，因此，A型屬蛇的人，幾乎從不與人發生衝突，或產生摩擦等不愉快的事件。即使處在複雜的團體之中，也能巧妙地洞悉其中的利害關係，因而很容易爭取別人的好感。

然而，他們圓滑的交際手腕，也會使人產生敬而遠之的念頭。也就是說，他們八面玲瓏的性格，欠缺誠懇正直的態度。因此，有人指責A型屬蛇的人，在與朋友交往時，總是抱著敷衍的態度。

但是，假若能和他們繼續交往，則能建立親密的友誼，他們也會收斂圓滑的性格，以真心誠意的態度對待朋友。

人生——萬無一失的人生之旅

A型蛇年生的人，對凡事都做好萬全的準備，以及周詳的計劃，並抱著精打細算的人生觀，所以，這類型的人少有失敗的記錄。

此外，在性格上的另一特徵，是非常重視利害得失，即使是微不足道的事，他們也必定先盤算一下是否對自己有利。

這類型人不喜歡發號施令，更不願意支使別人，雖然擁有充分的領導才能，但是他們從長遠的眼光看來，認為居於領導的地位，永遠是個吃力不討好的工作。

他們重視興趣的培養，以陶冶美化人生。工作時，具有公私分明的態度；下班後，也很注重私生活方面的享受。對於言行輕浮、魯莽的人，總是不屑一顧。

實際上，A型屬蛇的人，往往運用其高明的識人能力與先見之明，為自己選擇一條光明坦途；然而，他們在受到眾人誇讚具有靈活的交際手腕的同時，也有人對其產生厭惡、反感。

在表面上，他們儘量裝出活潑開朗的笑容；在背地裡，卻不斷地鞭策自己努力向上，只是不太願意讓別人看到自己辛勤的一面。

機運——適度地接受別人的援助

A型屬蛇的人，具有堅強獨立的性格，一旦面臨挫折時，總是不願意仰賴他人，不管是否能度過難關，他們只希望憑自己的方法去克服。因為他們的想法是「求人不如求己」。

假使驕傲地認為凡事只有自己才能解決，那就大錯特錯了。人類是群居的團體，為了開創幸福的人生，有時候前人的經驗或是朋友的協助是很重要的。若想邁向成功之道，須先適度地接受前輩的經驗與協助。

職業——需從事於能發揮特殊吸引力的工作

A型屬蛇的人，散發著一種獨特而神秘的氣息，使人們陶醉其中，久久不能散去。猶如經營沙龍的女主人一般，風情萬種，令人著迷。這類型的人，頗有獨特的魅力。

在工作方面，若能使這種特殊的吸引力發揚光大，則會達到無往不利的效果。例如：電視節目主持人、模特兒、運動選手、設計家等競爭激烈的職業。為了不斷地求新、求變，必需加倍努力才行。

愛情——對自己的性感魅力頗有自信心

A型屬蛇的人，對於追求的目標，抱著堅定的態度，不達到目的，決不放棄。在愛情方面也是一樣，假使選定了對象，就非要獲得對方的真心不可。就像被蛇看上的青蛙，無論如何掙扎，最後還是成為牠的獵物。

他們原本就具有一種令異性無可抗拒的魅力，全身散發著性感的氣息，即使沈默不語，也能吸引異性投以注目的眼光。

一旦他們選定了追求的對象，就會全力以赴，再怎麼意志堅定的人，也會禁不起他們熱切地追求而降伏。所以，A型屬蛇的人，對於戀愛有絕對的自信。

但是，過於自信也會造成不必要的困擾。他們原本只想和一個戀人，共同擁有美麗的戀情，然而有許多異性，在與他們交往之後，往往禁不住誘惑而另生枝節。如此一來，人們在瞭解他們用情不專的態度之後，將會與其逐漸遠離，而他們也會失去所有的魅力。

婚姻——忠於家庭的賢妻良母

A型屬蛇的人，婚後將一改平日用情不專的性格，把生活的重心，完全轉移到丈夫與子女的身上，成為人人誇讚的賢妻良母。並且具有強烈的家庭觀念，總是與丈夫保持著甜蜜的幸福生活。

她們認為家庭是兩個人共同組成的，故必須同時為將來的幸福做長遠的打算。

雖然會要求丈夫對自己忠實，相對地，也以執著的愛情回報對方。

性愛——重視技巧

屬蛇的人很重視生活的技巧，若說他們渴求性愛，是一點也不為過的。只是受到A型潛在性格的影響，在性愛方面往往會抑制自己。

對於泛泛之交以及關係密切的人，有很大的差別待遇。他們雖然要求較高的性慾，但仍遵循著社會的規範。

適合你的結婚對象

【屬鼠的人】

鼠年生的人，往往把任性好強的性格隱藏起來，而表現出活潑輕鬆的一面，但是，生性敏銳的你，早已洞悉這一切的變化。

你認為你們好像是來自兩個不同世界的人，因此，別說是感情的培養，就連維持普通的友誼，也是很難做得到。

【屬牛的人】

屬牛的他溫和善良，總是堅守既定的生活原則，並且努力不懈怠。對你來說，他勤勉向上的精神，已經給你許多啟示了。

與屬牛的人做朋友，可以使你的智慧和品格變得更成熟、穩健。

【屬虎的人】

這類型的人一向充滿自信，你對於這種專橫的態度，感到很不滿意，因為你認為他缺乏體諒別人的心。

此外，A型屬虎的男性，還有一種令人無法忍受的小心眼，這是和豪放的外表完全不同的性格。所以，你們並不是很投緣的朋友。

【屬兔的人】

你很欣賞他那討人喜歡的外表，以及嬌柔可愛的性格，但是和自己的經驗相比，他卻又顯得太幼稚了。

屬兔的人，對凡事膽怯的態度，使你不知如何是好，這說明了你們性格上的不投緣。由於彼此無法真心相對，因此，只能做個泛泛之交。

【屬龍的人】

他常常希望成為眾人心目中的領導人物，如若不然，則任意地攪亂團體中的秩序，破壞原來的和諧氣氛，你當然不欣賞這種專橫無理的作風。

因此，最好避免和這類型的人發生摩擦。

【屬蛇的人】

看到眾人為你獨特的風采而著迷時，他的心裡必定覺得很不是滋味。

因為他認為自己才是團體中最重要的人物，而你卻佔盡了他的風采，所以，你們想談戀愛的話，必須有一方要時時克制自己的情緒。

【屬馬的人】

你很欣賞他那活躍開朗的性格，但有時候過分熱情的態度，卻令你無法消受。

你雖然嚮往深沈穩健的性格，然而屬馬的人要求你和他一樣，毫不隱諱地表現自我，對你而言，這當然是難以做到的事，因此會對他敬而遠之。

【屬羊的人】

正當別人對你奉承不已時，屬羊的人卻視若無睹，由於很難捉摸其內心的意向，所以，你時常認為他似乎看不起別人。

這是因為他天生就較為悲觀消極，而你又不願意與這類型的人交往的緣故。

【屬猴的人】

屬猴的人知識豐富，善於待人接物的訣竅，只可惜缺乏你所欣賞的深度。如果長久交往下去，也許你會覺得百般無聊，萌生倦意。

同時，他對於你所發出愛的訊息，感到惶恐不安，而不知所措。

【屬雞的人】

他能言善道，不論待人處事，都露出溫和可親的性格；尤其是在他以爽快的態度與你交往時，更可看出他時時關心你的心緒。

屬雞的人很注重外表的修飾，這對欣賞高雅氣質的你而言，是再適合不過的伙伴了。

【屬狗的人】

一般而言，屬狗的人重友誼、講義氣，只是缺乏靈活的性格。然而你一向對這世俗的人情義理不感興趣，因為你所嚮往的是心靈上相互的感應，自然無法忍受與欠缺靈氣的人交往。

【屬豬的人】

屬豬的他心地熱忱善良，時時不忘幫助別人，對於沈默寡言、外表看來柔弱的你，必定展開熱情的呼喚。

但是，他欠缺體貼婉轉的表達技巧，一旦深入交往之後，你將會認為他缺乏情調，而且是難以應付的人。

如何表現你的魅力

平時寡言不語的你，往往以臉部的表情或動作來表達你的想法。跟那些口若懸河的人比起來，你似乎更具有謹慎保守的氣質，且容易給人良好的印象。

但是，臉部的表情應以自然為宜。為了給別人和藹可親的感覺，必須加強練習溫和的眼神，以及富有生趣的言辭。

A型蛇年生的人，在這一方面更有獨特的心得。

例如，以深情款款的雙眸凝視對方，或以專注的神情細聽對方的言談等等，都可襯托出A型屬蛇的人天生具有的靈氣。

選擇適合你的對象

要選擇能使自己奮力向前的人為伙伴，因為他們會像經理一樣，隨時激勵你、提醒你。假使你以個性倔強，自視甚高的人為伙伴，最後你們將會不歡而散。

在選擇戀愛的對象時，對方需有無限的耐心與愛心，將你當做女王一般地呵護備至，因此，具有大男人主義想法的人，不適合做你的伴侶。

此外，必需選擇和你同樣具備巧思與靈氣的人，因為舉止粗俗、頭腦遲鈍的人，只會讓你更加煩悶不已。

給你的建議

【學業】 具有尖銳的感性，以及靈敏的氣息，你在寫作、美術、音樂等方面，都有卓越的成績。

但是，對於物理、數學等需要推理性的學問，則感到很麻煩。但絕不能因此而放棄這些課程，應不斷訓練自己推理的能力，對數字方面也需有粗淺的概念。

【事業】 通常有自己獨特的工作方式，從不理會別人的想法與異樣的眼光，執著的以自己的方式完成工作。

但是，表現得過於與眾不同，定會遭人非議、排斥，有時不妨配合他人的步調，順利地進行工作。

【經濟】 在金錢方面的使用，出手頗大方，尤其自己的服飾或住處，更是不吝於投資大量的金錢。

由於天生富有財運，即使浪費一點，也不致於傾家蕩產，但為了將來的幸福著想，應多加節制。

【健康】 凡事小心謹慎的A型屬蛇的人，也時時注意自己的身心健康。只是需多加注意因人際關係而引起的精神負擔。另外，不可忽視眼睛與口腔的衛生，若有病痛，應及早治療。

A血型

馬年生的人

性格——率直的表現、煩躁的情緒

A型屬馬的人，其最明顯的特徵是情緒的變化極大，心情開朗與煩悶時的差距很大，是所謂「鬱悶型」的人物。心情好的時候，他們無拘無束地嬉笑叫鬧；一旦情緒轉壞時，整個人變得煩躁、不安，使人無法忍受。

不只是A型屬馬的人，任何人都或多或少有些煩悶的性格，但他們生性活潑、單純，因而能將內心不滿的情緒，毫無遺漏地表現出來。

除了情緒上時好時壞之外，A型屬馬的人，在各方面也表現出情緒易變的性格，例如在經濟拮据時，則非常吝嗇，而且不通情理，時而開朗豪放，時而固執己見。周圍的人認為他們的心裡難以捉摸，猶如天氣一樣變化莫測。

然而，他們在待人處事方面，卻顯得直率而毫無心機，也很少聽到別人對他們的批評，其性格猶如奔馳在大草原的野馬一樣，天真浪漫而且無拘無束。

人際關係——以坦誠的態度與人交往

A型屬馬的人，不論對任何人都以坦率的態度與之交往，他們毫不掩飾自己的想法或情感，也無法做出巴結逢迎之事。這種以真誠的態度對待朋友，必能獲得珍貴的友誼。

只是他們過於率性而為，有時會對別人造成困擾，甚至干涉了他人的私生活，當然他們對於自己情緒易變也感到不知所措，所以，不瞭解其性格的人，對於他們不可捉摸的性情，必定覺得很苦惱。

此外，A型屬馬的人，在穩重成熟的內心深處，也有固執己見的一面，常常堅持著先入為主的觀念，而不管自己的觀念是否合情合理。有時被他們開朗的外表所蒙蔽，一旦採取更進一步的交往時，他們執著的性格往往令人受不了。

與其深入交往之後，不難發現他們也有孩子般天真可愛的性情，尤其是在交朋友時，這種赤子之情更是表露無遺，更加令人產生憐愛之心。

人生——得意時神采飛揚；失意時意志消沈

A型屬馬的人，在得意與失意時的心境，有如天壤之別，這也是他們在性格上的一大特徵。在萬事皆順心意時，其豪邁的氣勢，彷彿一伸手，即可捉住飛翔於空中的小鳥一樣。順利的運勢，會給他們帶來好運，加上本身已幹勁十足，必能有飛黃騰達的成就。

一旦運勢走下坡時，他們會立即顯得極度不安，縱然事態並沒有想像中的那麼嚴重，他們也會認為大勢已去，而喪失了往日的鬥志。從過去積極進取的姿態，而轉變為消極保守的態度，猶如受重傷的野獸一樣，已失去一切反擊的力量，一心只想找個安全的洞穴做為藏身之用。這種逃避現實而且怯懦的做法，終究使自己遭到一蹶不振的命運。

若要避免意志繼續消沈下去，唯一自救的方法是不可自暴自棄。A型屬馬的人尚有另一優點，那就是「樂觀奮鬥」，他們仍會在失敗挫折中，為尋求再生之路而努力不懈。由此看來，他們在落魄時比風光時，更能充實自己的人生。

機運——善於把握大好時機

A型馬年生的人，對於時運相當敏感，一旦時機到來，他們會全力以赴地求表現。所以，他們有充分的信心與勇氣，面對任何挑戰。

然而，一旦挑戰失敗的話，就顯得心灰意懶，喪失鬥志，這種情緒上的低潮是難以改善的。假使能有意志堅定的朋友從旁協助，必能挽回他們消沈的意志，使其再接再勵，重新站起來。

職業——宜從事藝術方面的工作

A型屬馬的人，天生具有消極與積極的雙重性格，使得他們的性格看起來更複雜、神秘。也許有人認為他們是極不易理解的人，但是，他們單純正直的性格，將會給人留下良好的印象。

複雜難以瞭解的個性，以及誠懇切實的態度，更說明了他們具備有藝術家的氣質，與做為一個藝術家不可欠缺的堅定信念。

適合的職業有小說家、畫家、音樂家、電影製作人、漫畫家等等。

愛情——向對方傾訴無限的愛意

A型馬年生的人，在愛情方面的表現是執著的，往往很重視自我的表現。他們決不隱藏心中的秘密，總是自然地表達心中的感情，只要能向對方傾訴滿懷的愛意，就感到很滿足，即使單戀也毫不在意。

他們所追求的是無拘無束的愛情，只想以自己的方式，使得愛苗快速成長，最好能讓全世界的人都知道自己的戀情；然而，假使戀愛的對象，是個只希望兩人咀嚼愛情滋味的人，那麼，你們之間必定還有許多等待溝通意見之處。

隨著情感的日增，他們也就更進一步地展開熱烈的追求，對方看到他們這種熱情的態度，有時候還真招架不住呢！

但是，當對方想要接受這份誠摯的熱情時，這種人態度反而變得冷淡起來，這並非因為獲得對方的心，而使得愛情冷卻，只是A型屬馬的人，一心一意重視愛情的付出，從未考慮到如何接受對方的愛意。

婚姻——不宜限制彼此的生活範圍

這一類型的人，可以說對於婚姻生活的瞭解不夠。在人倫關係之中，夫妻可說是最親密的一環，彼此互相敬愛。但是A型屬馬的人，在戀愛時尚能與對方維持和諧的關係，一旦結婚之後，愈是親密，則愈想固守自己原有的生活領域。

為了要建立美滿幸福的生活，就應廣泛地涉獵各種事物，以培養多方面的興趣，擴大兩人的生活範圍，儘量避免把自己侷限在狹小的天地裡。

性愛——在潛意識裡存有幼稚的行為

A型馬年生的人，對於性生活有強烈的好奇心，所以，在生理上會比普通人早熟。但是成年之後，對於性方面的知識，仍保留著少年時的似懂非懂，往往比起一般人還缺乏性的體驗。

一旦接觸到性生活，則處處表現了自以為是的作風，往往只顧著滿足自己的慾望，而忽視與對方的協調。

適合你的結婚對象

【屬鼠的人】

你們同樣具有開朗與憂鬱的性格，因此，在兩人情緒不好的時候，發生衝突是不可避免的事。但只要互相瞭解對方的性格，且一有摩擦發生時，兩人互相體諒一下，即可化干戈為玉帛。

此外，須注意鼠年生的人，尚有心胸狹小的一面。

【屬牛的人】

屬牛的人個性忠厚老實，因而往往無法瞭解你善變的心態。當你的情緒不穩定時，若與屬牛的人交往，他可能對你的情緒變化，

會感到莫名其妙，有時還會指責你不夠穩重，甚至完全忽略你的存在，而對你惡言相向。

【屬虎的人】

他有大而化之的性格，可以容忍你任性的作風，並且能引導你走向美好的人生。

屬虎的人，對凡事都採強硬的態度，然而你卻很欣賞他這種專橫的個性，在他的面前，你會像綿羊般的溫馴，即使遭受挫折時，他也會張開雙臂安慰你。

【屬兔的人】

他很在意別人對自己的評論，這種性格有時令你無法忍受。當你心情好的時候，尚能忍耐他嘮叨的性格；而當你煩悶時，則會覺得他不可理喻。

對於你情緒多變的性格，以及時好時壞的態度，他必定會逐漸

離你而去。

【屬龍的人】

他總是堅持自己的生活方式，當然更不可能試著改變自己的態度，以配合你善變的性格，所以，他並不是你的最佳拍檔。

在你看來，屬龍的人個性粗率，對凡事都毫不在意，假使他能對你體貼一些，你們也許能做個朋友。

【屬蛇的人】

對你而言，他全身散發著成熟、穩重的性格，正是你心目中渴望的好對象。紳士般的舉止，以及獨樹一格的裝扮，時常令你為之迷惘。

然而，你因為摸不著他的心意而感到若有所失，故最好保持距離與他交往，以免吃虧上當。

【屬馬的人】

你們的情緒時好時壞，往往讓人無法捉摸，又很在意別人涉足自己的生活領域，因此，你們不願去了解彼此的心思，也無從著手與對方交往。

為了避免日後造成心靈上的傷害，你們的交往最好就此結束。

【屬羊的人】

屬羊的他很瞭解你性格上的優點與缺點，而且能配合你情緒的變化，而與你一起建立誠摯的友誼。

他一本謙虛的態度，懂得尊重他人的一切，而不致使自己的生活步驟混亂。因此，當你心情鬱悶時，他會盡力地幫助你，給你許多寶貴的意見。

【屬猴的人】

屬猴的人頗富機智，能說善道，而且是個懂得生活情趣的人，然而他善於處世的態度，卻令你不敢恭維。

你所需要的對象，是能在心靈上有所溝通的人，可惜的是屬猴的人，無法洞悉你的心思，所以，你時時覺得沒有人能了解自己。

【屬雞的人】

他無時無刻不把對方當做是勁敵，因而時時處在「備戰」的狀態之中，你對他這種生活態度頗有微言。

與人競爭本來是無可厚非的，但是，隨時都處心積慮地想擊倒對方，卻是你所厭惡的生活方式。

此外，他明明知道某事，卻又裝做不知的性格，也令你感到不悅。

【屬狗的人】

他具有誠實不欺的性格，不擅於在眾人面前表現自我，總是覺得有些不自在。面對他坦誠純樸的氣質，必定讓你感到清新可喜。

屬狗的人很善解人意，當你在失意、落魄時，他會向你伸出援手，全心全意的幫你。

【屬豬的人】

堅持自己既定的目標，努力向前，既不回顧過去，也不因四周的環境而改變自己。但是，在人際關係上，他卻缺乏彈性，過於死板。

當你遭遇困難時，他堅毅不拔的衝勁，必能帶給你一些啟示，使你度過難關。

如何表現你的魅力

A型馬年生的人，雖具有情緒多變的性格，但是仍保有一顆赤子之心，依然受人歡迎。其內心蘊涵著沈靜的氣息，更充滿了女性的魅力。

假使想要增添女性的嬌媚，則必需時時控制多變的情緒，表現出成熟女性特有的風韻，並且瞭解自己個性的缺點，不斷地自我檢討。

此外，要儘量保持心情的愉快，勿被煩躁的俗事羈絆，若能以坦率的態度與人交往，必能獲得珍貴的友誼。

選擇適合你的對象

在開始與你交往之際，對方必須對你複雜多變的個性有些瞭解；在你高興的時候，對方與你分享喜悅；而當你失意傷心的時候，對方也能為你分勞解憂。因此，他們必須具備敏銳的感覺，以便洞悉你情緒上的不穩定，若和感覺遲鈍大而化之的人相交往，只會徒增彼此的不滿而已。

再者，對方須以誠懇的態度與你交往，二人之間不允許有猜忌的心態，彼此必須互信、互賴。屬狗的人，較適合做你的戀愛對象。若尋求工作上的伙伴，或是結婚的對象時，則以屬羊的人最適合。

給你的建議

【學業】　跟性格一樣，表現出不均衡的發展，對於自己有興趣的課程，不斷地努力研讀，不感興趣的學科，則對它置之不顧。

首先，要訂立一個完善的計畫，廣泛地閱讀各種書刊雜誌，以避免不均衡的發展。

【事業】　對於工作能全心全意地投入精力，且是個熱愛忙碌工作的人。有時太過於情緒化，也有造成失誤的可能。因此，工作時要儘量克制易暴的情緒。

隨著年歲的增長，事業心也愈加強烈，同時能獲得同伴間的信賴。

【經濟】　有時揮金如土的氣勢，讓四周的人瞠目結舌。A型屬馬的人，大部分不擅於斂財，但懂得如何節流，所以，很少有周轉不靈的困境。

中年以後，可能會獲得意想不到的財富，如遺產的繼承或是中彩券之類。

【健康】　往往擾亂自己生活的步調，因此須時時注意身心方面的疾病。平日過於勞累，可能引起肝臟方面的疾病，尤其要留心因感冒而引發胸腔的疼痛。

欲防止身體機能快速衰退，應改變緊張、易怒、煩躁的生活步調，以輕鬆坦然的態度處世。

A血型

羊年生的人

性格——性情溫馴充滿了人情味

A型羊年生的人，擁有細膩的情感，是個滿懷和平博愛精神的人。不僅僅對人如此，即使對動物、花草，也毫不吝惜地付出關愛。

對於別人較敏感或是厭煩的話題，則絕口不提。與人交談時，態度自然溫和，因而和四周的同伴皆能和睦相處。對雙親的照顧更是細心周到，是父母心目中的好孩子。

他們是屬於穩紮穩打的類型，凡事都抱著只求安定的心理，例如坐船時，必定選擇豪華平穩的油輪，而不去坐速度快捷的遊艇；若要在樹下休息乘涼時，也一定選擇大而濃密的樹蔭。他們絕不從事具有冒險、投機性的工作，寧可犧牲一點個人自由，在安定的狀態中求發展。

他們在行事之前，必先做好詳盡的計畫，然後按部就班地實行，即使是微不足道的小地方，也毫不馬虎，加上天生俱來的耐心和毅力，一定能達成原先訂定的目標。

此外，A型屬羊的人，不喜愛誇耀自己的才能，更不會邀功，他們只是默默地奉獻自己，過著淡雅恬靜的生活。只是他們過於注意如何做萬全的準備，而稍微忽略了如何付諸行動，因而會阻礙自己的進步。

人際關係——表現出溫和的態度

A型屬羊的人，很在意別人對自己的看法，為了給人留下良好的印象，總是表現出自己最好的一面，假若求好心切，一味地配合別人的話，將會成為善於交際應酬、八面玲瓏的人。

由於怕惹出不必要的麻煩，他們對人對事均採溫和的態度，儘量不得罪他人。但是，若遇到決定是非分明的場合時，他們這種不置可否的態度，就很難叫人心服了。尤其是性急的人，根本和他們合不來。

雖然他們個性溫和有禮，也很尊重別人的立場，但在其內心卻很清楚地對人劃分等級，例如，對於一個辦事能力較差的人，在表面上他們對此人相當尊重，而在內心卻很輕視他。一旦將此種心態表現在言談之中，會引起別人強烈的反感，認為他們「表裡不一」。

他們感覺敏銳，即使稍有一點不愉快的小事，也會在其心中產生芥蒂，所以，往往會因為人際關係處理不妥，而感到難過不安。

人生——朝向具體的目標前進

一般說來，A型屬羊的人總是抱著既定的目標，奮勇向前，他們不偷懶，不好高騖遠，更不做不著邊際的白日夢。

在為自己的將來打算之前，必先衡量自己的能力，並且加以客觀地考慮各種因素，在做過一番深思熟慮之後，確信有十成的把握，才開始付諸行動。因此，他們時常採取堅定穩重的步調，不論是學業、事業、婚姻等方面，都必須依照自己的能耐，並加以妥切的計劃。他們的信念是只許成功，不許失敗。

然而，他們總是把自己侷限在一狹小的天地裡，過著單調而無趣的生活。對凡事都抱著強烈的得失心理，使得他們不敢放手去做冒險的事業，以致於他們時常失去了大好良機。

A型屬羊的人，也曾為自己缺乏挑戰的精神，而感到遺憾，因而下定決心要不顧成敗的面臨一切考驗，然而事與願違，在幾經波折之後，他們仍選擇安全平實的人生之旅。但是，到了中年以後，這種穩重的作風，將會給他們帶來好運。

機運——遇事要果斷才不致於錯失良機

在細密周詳的計劃之下，他們會朝著既定的目標前進，所以，都能兼顧到微小的事物；但是，當面對一大好時機時，卻因猶豫不決，或是花了太多的時間去判斷得失與否，而任由機會消逝，想要挽回就很難了。

有時不妨捨棄過於保守的心理，拿出冒險的勇氣，才不致於任由良機消逝。做事明確、果決，再加上精密的計劃，必能使你所向無敵。

職業——適於從事服務他人的工作

A型屬羊的人，較適合護士、褓母、旅遊業等服務人群的工作，他們比一般人更具備了體貼的心意，並且熱心地照顧別人，處處為他人著想；因此，他們最適合從事社會上的福利工作。

此外，如藥劑師或美容師等須考取執照才能營業的工作，由於性質單純，工作穩當，故選擇這一類的工作，就能過著平穩的一生。

但是，由於缺乏冒險的精神，A型屬羊的人並不適合自組公司，或是開設商店等競爭激烈的事業。

愛情——清楚地區分「朋友」與「情人」

A型屬羊的人之最大特徵是，清楚地區別普通朋友與戀愛對象的交往，在其心目中，早已嚴格的劃分出「朋友」與「情人」，對於此二種人的交往是有差別的。

他們一旦與某人陷入情網，將會盡一己之力幫助對方，並且能毫無條件地犧牲自己。此時，他們把親情、友情拋諸腦後，全心全意地享受戀愛的滋味。這不但說明了他們較富有羅曼蒂克的情調，也證實A型屬羊的人容易「為情所困」。

即使陷入熱戀，他們頗能理智的把持住自己，不致因衝動的行為，造成不良的結果。所以，假使日後失戀了，也不會受到很大的打擊。這時候，溫暖的親情與珍貴的友情，在不知不覺間治癒了他們心靈上的創傷。

此外，在戀愛時，強烈的嫉妒心理會時時表現出來。在表面上似乎很尊重對方，而自己卻是默默地奉獻心力的小角色；但是，事實上他們嚴密地監視對方的一舉一動，不允許對方有「情感走私」的現象。

婚姻——溫柔賢慧是標準的賢妻良母

A型屬羊的人，很重視親情倫理的觀念，又具備台灣女性特有的溫柔賢淑，是屬於天生的賢妻良母型的人。

假使能遇到有經濟基礎而且很有耐心的另一半，那麼，他們必能幫助丈夫發展事業，時時給予鼓勵與支援，做一個人見人誇的好妻子。

但是，如果他們的另一半是風流型的人物，喜歡在外面拈花惹草，置家庭的生活於不顧的話，那麼他們也不再像綿羊一般的溫馴可愛，而會變得脾氣暴躁不安。

性愛——建立在深厚的愛情基礎之上

A型屬羊的人，時時渴望被人愛憐；在性生活方面也一樣，他們絕不會採取主動的態度，但是對於來自對方的要求，則不加以拒絕，反而會溫馴的順從對方。

這當然是只有對心愛的，才會如此。如果是對一個只抱有好感的人，別說是以身相許，就連手也不願讓對方碰一下。

當他們步入中年以後，對於比自己年輕的異性會產生憧憬與嚮往之情，並且在性方面的慾求有增無減。

適合你的結婚對象

【屬鼠的人】

你們會互相體諒、關懷，這是二人都具有溫馴善良的個性，但

鼠年生的人對你而言，稍微缺乏一些男性應有的氣魄。因此，在你的心目中，時時希望他能成為英勇的男子漢。

【屬牛的人】

雖然他的個性倔強，而且欠缺生活的情趣，但在你的面前，他卻是個正直斯文的人。

你們想要譜出愛的戀曲，則需花費一段時間，因此，在你們剛開始交往時，你要以對待同性朋友的態度與他交往，使你們的情誼在輕鬆愉快的氣氛下進行。

【屬虎的人】

在你們第一次見面之後，二人的心中都抱有不良的印象，這是由於你們在性格上呈現不協調的關係所致。

你的個性趨於安定保守，而他卻是個十足的冒險專家，因此，你們之間必定時常有對立的情形發生，彼此都不滿意。

【屬兔的人】

那溫和的笑容中，蘊藏著高雅氣質的他，可說是你夢中的白馬王子。

你們有共同的嗜好與理想，並且能攜手共創美好的未來，因此，對你而言，他必定是和你白頭偕老的好伴侶。但是，當他遇到挫折時，你要全力支持他。

【屬龍的人】

雖然你很欣賞他開朗的個性，和待人誠懇的作風。但不知怎麼搞地，你就是無法接受他的情感。或許是因為他有著像太陽一般的熱情，使你消受不了吧！

最好將他當作你心目中崇拜的偶像，這樣你們必能相處得很融洽。

【屬蛇的人】

不知為什麼，你在他的面前，會不由自主地緊張起來。

平時你總是保持著溫馴和善的作風，待人謙恭有禮，從不會有不自然的感覺，然而他一出現，你卻表現得侷促不安，行為舉止也顯得極不自然。

或許是由於他的言行鋒芒畢露，使你感到有很重的壓迫感吧！

【屬馬的人】

對你而言，個性豪放不羈的他，並不是值得依賴的伴侶。縱然他不曾給你任何安全感，你卻認為他爽朗可愛，有一種無形的魅力，使得你死心塌地愛著他。這只能說是你倆有緣在一起。

如果選擇屬馬的人做為男朋友，那麼，沒有人能比他帶給你更多的快樂。

【屬羊的人】

雖然你們都想和對方更進一步地交往，但你們之間的戀情卻無法如願地進展，而莫名其妙地結束了。

你們互相欣賞對方的優點，也願意誠懇地與他人做朋友，然而始終提升不起的熱情，成為你們之間無形的障礙，自然難以建立更親密的情感。

【屬猴的人】

屬猴的人看似生氣蓬勃，但也有容易陷入沮喪不安的性格，這是一般人很難察覺出來的。

你們一旦交往之後，他處處小心謹慎和消極的性格，將會使你感到不知所措。假使你願意和他繼續交往，就要不斷地鼓勵他，為他加油、打氣。

【屬雞的人】

他擅於交際、廣結人緣，是女孩子心目中的白馬王子，相信在每年的情人節裡，他必定收到許多禮物。

你也像大多數的女孩一樣，為他頗富吸引力的外表而神魂顛倒。與他交往之後，他那傲慢的作風，將會使你漸漸遠離他。

【屬狗的人】

屬狗的他忠心耿耿，不善巧言詞令，和異性交往時，總是規規矩矩，有板有眼。

你們的個性相似，都具有誠懇不欺的態度，所以，能愉快地相處在一起。假使在你和他之間，能夠加些「愛情滑潤劑」，則更理想了。

【屬豬的人】

他喜歡出其不意地出現在你面前，對你展開愛情攻勢，原本膽怯的你，對於他殷勤誠懇的態度，會毫不猶豫地接受他，在他身邊扮演溫馴的角色。

他魁偉的身材，必能帶給你些許安全感，你們將會有一段良緣。

如何表現你的魅力

你獨特的魅力就是感情細膩，隨時隨地想到如何關心別人。猶如善解人意的大姐姐，或是把孩子照顧得無微不至的好母親，所以在服裝的搭配上，你要儘量展現成熟的韻味，而不是一味盲目的追求流行，或以標新立異的服裝取勝。因此，除了穿出成熟的風韻之外，還要能表現出平易近人的態度。

假使你能適當地表達關懷別人的誠意，不致引起他人煩躁的感覺，那麼，你已是最受歡迎的人。

選擇適合你的對象

無論對方是同性或異性，只要是有眼光，而且能果決地實行計劃的人，都可成為你在事業上的好伙伴。

對於凡事都先做好計劃的你，加上做事勇敢堅定的人，這種天衣無縫的配合，像是如虎添翼一般，無論做什麼事都能所向無敵。因為在你猶疑不決的時候，他能幫助你做出正確的選擇。但若遇到和你一樣缺乏決斷力的人，則將會一事無成。

在學業、事業方面，最好選擇能瞭解並接受你的體貼和善意的人。

給你的健議

【學業】 A型屬羊的人，很注意平時的預習，以及課後的複習，兢兢業業於求學，所以各科的成績均不錯。

為了擁有更廣闊的見聞，應多加閱讀內容豐富的課外書籍，或經由欣賞文學名著改編的戲劇，將有意想不到的收穫。

【事業】對於上司所交付的工作，都能在詳密的計劃之下，確實地進行。只是一直從事於固定型式的工作，對於需要求新創意的工作，則感到很棘手。因此，有時必須嘗試著突破原有的思考方式，培養出富有變化的思緒。

【經濟】由於個性趨向保守穩定，金錢的使用也有既定的原則；因此，在生活方面是不虞匱乏的。

但是，如想改變現狀，追求物質更充裕的生活，就需有冒險的精神，將自己的收入做有效的運用，例如，把金錢投資於新興的事業等等。

【健康】A型屬羊的人，很注重個人的身心健康。例如，天氣變冷時，總是把自己裹得緊緊的，以免傷風感冒；因夏天各種傳染病相當猖獗，故忌吃生冷食物。

但是，此種過於敏感的做法，反而使身體越加缺乏抵抗力，變得虛弱不堪。

A血型

猴年生的人

性格——有點神經質但幽默感無人可及

A型屬猴的人會使得四周的氣氛更加熱絡，他們不僅關心他人，並且將歡樂散播給人們，使得眾人皆感受到那一份溫暖與喜悅。

他們對凡事都有一定的分寸，並非整日嘻笑吵鬧，即使和最親密的朋友分別時，也會煞有介事地向對方「珍重再見」一番，因而時常令親友們啼笑皆非。

但是，對於第一次見面的朋友而言，很少有人能接受他們關懷別人的方式。或許有人認為他們矯柔造作，專門做些滑稽的動作引人發笑；然而，非常瞭解他們的朋友，則認為那是發自內心的善意。

在其內心常潛伏著鬱悶不樂的情緒，這和他們開朗的外表迥然不同，雖然他們曾試著使自己的心情儘量放輕鬆一些，但始終無法打開心中之結。因為每當心中計劃著如何調劑情緒時，卻又因心情煩躁而無法實行。

總之，他們具有高度的幽默感是不可否認的事實。當他們和朋友在一起時，一連串的詼諧笑話，使得周圍的氣氛更為活潑，旁人也能發出會心的微笑。

人際關係——因時因地情緒隨之起伏不定

他們很重視與朋友之間的友誼，即使自己工作得再累，只要是朋友來訪，他們必定收起疲倦的容態，竭盡心意地招待朋友，使其有賓至如歸的感覺，直到朋友告辭回去。他們總是為朋友著想，與友人解憂共樂，因而能獲得朋友的信賴與支持，故能維持長久的友誼。

只是在長輩面前，應儘量穩重沉著，最好避免過於誇張的舉止，以免徒增長輩心目中的不良印象，而無法建立在長輩心中的好感。雖然其本意只是想改變沉悶的氣氛，但行為要適可而止，千萬不可有輕浮、不雅的動作。

此外，他們情緒之起伏不定，也因時因地有所不同。昨天還和朋友們開懷暢談，今天卻又沈默不語，整個人似乎完全變了樣，這時往往令友人感到很不可思議。這是因為他們的內心相當敏感，稍微一點小事就足以讓他們猜疑，有時甚至動怒，若當時找不出轉換尷尬氣氛的方法，則往往以沈默不語表示心中的憤怒。

假使不幸和朋友發生衝突，只要過二、三天，他們就又淡忘了不愉快的事情，而主動地和朋友握手言歡，由於他們從不記恨別人，故在朋友之中頗獲好評。雖然他們社交的範圍並不很大，卻能得到很珍貴的友誼。

人生——年輕時憤世嫉俗

A型屬猴的人過於拘泥形式，尤其在日常生活中，處處留心小節，反而忽略了該注意的地方，別人做起來輕而易舉的事，對他們而言，卻是困難重重，往往經不起一點小小的挫敗。所以，凡事最好把握住要領，再放手去做，不可躊躇慌張，亂了陣腳。

年輕時的顧慮較多，也比別人加倍地勞心勞力，雖然親友曾教導他們許多待人處世之道，但他們仍然以自己的方式摸索著前進，在這一方面他們是相當固執的。直到他們備嘗人生的艱辛，逐漸體會出生活的真諦之後，他們才真正具備了穩重保守的性格，並且足以在社會上獨當一面了。

然而因年輕時遇到許多不合理的待遇，而感到憤恨不平，認為事事皆不順心，故而有固執乖張的性格，只要熬過了這艱苦時期，必能有令人刮目相看的成就。因此，勿將得失看得太重，才能開拓美好的未來；同時，當自己飛黃騰達時，千萬別忘了曾和自己共甘苦的患難知己。

機運——友誼是奮鬥的原動力

A型屬猴的人其最大的缺點，是對於凡事都過分拘泥形式，一些芝麻小事就足以讓他們煩惱大半天的，往往喪失了許多大好時機。

假如遇到一個千載難逢的好機會，必須下定決心摒除雜念，專心一致地做好準備，勇敢地面對一切挑戰，或許能開拓另一個嶄新的人生。

當自己奮力突破某一階段時，不妨借助朋友的力量。因為友情的鼓勵與安慰，是精神上的最大支柱，也是邁向成功的重要因素。

職業——服務人群或從事研究工作

若能發揮旺盛的服務精神，那麼經營餐廳、茶藝館是很稱職的，日後必定生意興隆、門庭若市。

此外，A型屬猴的人，具有負責認真的工作態度，因此，從事研究工作或當老師也是很適合的職業。

他們在與人交往時，很注重維持良好的人際關係，往往為了順應別人，而壓抑自己的想法，久而久之，便過著毫無自主的生活。所以，有時不必太考慮對方的立場，要適時地表達自己的意見，尤其在工作時更需如此。

愛情——嚮往「競爭式的愛情」

A型屬猴的人，個性較為保守、靦腆，尤其面對自己心愛的異性時，總是不知如何表達愛慕之意。所以，他們時常避重就輕的說些其他的話題，企圖隱藏深深的愛意，而對方只覺得他們很健談，未曾發覺其內心的情意。

他們當然很瞭解自己的缺點，那就是不擅於向對方表達真正的情感，只能將此種愛慕之意告訴閨中密友，因此，他們的感情，往往是由第三者聯繫而成的。雖然平日能說善道，卻很拙於表達自己的情意，時常為此煩惱不已。但必須將此煩惱化為增進情感的滑潤劑才行。

假使在愛的路上出現情敵時，情況將會更為嚴重；他們一心想得到對方的愛情而努力不懈，卻又不擅於適時的表達自己，因而顯得頹喪不安。此時，除了誠懇的向對方表明愛意，別無他法。

此外，他們戀愛的方式也是忽冷忽熱的，有情敵出現時，則毫不放鬆地緊抓住心愛的人，一旦沒有競爭對手，又表現出冷淡的態度。因此，他們的愛情觀，可說是在競爭中求發展。

A型屬猴的人，若想和心上人繼續交往的話，就必須靠朋友的幫忙才行。

婚姻——有時無法和自己心愛的人結爲夫妻

不善於表達情意的人，其結婚的對象往往都不是自己最愛的人；由於結交了許多異性朋友，他們也會在其中挑選一個人，做為結婚的對象。但是，在愛情方面的表現卻不太高明，因此，他們結婚的對象，有時候並不是自己真心喜歡的。

婚後，他們也曾為當時為何不表明態度，而感到懊悔不已，還好這只是短時間的想法而已。過了一段日子，他們必會發現另一半的優點，雙方也能在婚後體會出生活的另一種情趣。

性愛——藉以加深夫妻間的感情

A型屬猴的人，對於性生活方面的技巧，確實有欠高明，但是，他們無微不至地為對方付出真情，足以提高夫妻間性生活的樂趣。雖然他們沒有豐富的性技巧，但能以真心情意的態度迎合對方，所以，也會得到對方相同的回報。

在性愛方面，他們表現得如綿羊般的柔順，總是在和諧、輕鬆的氣氛下，細心地配合對方，增進雙方的濃情蜜意。

這種融洽的性生活，可說是加深彼此愛情的妙方。

適合你的結婚對象

【屬鼠的人】

他的為人爽快、坦白，以誠懇不欺的態度與人交往，並且從不涉足於愛、恨交織的感情漩渦裡。屬猴的人也一樣不願扯入複雜的人際關係內。

有你們二人在的地方，總是洋溢著輕鬆、詼諧的氣氛，你們必能一唱一和地說笑話取悅別人。

【屬牛的人】

屬牛的他個性穩重、踏實，有時候，他過於認真的態度，確實讓你感到很厭煩，尤其當你說的笑話使得眾人哄堂大笑時，唯有他仍是面不改色地正襟危坐。

雖然他頗有才幹，是你理想中的對象，但是，他過於刻板的性格，和你追求風趣、快樂的人生，畢竟相去甚遠。

【屬虎的人】

他會大大方方地走進你的世界，有時候他的行為令你困擾，因為他仍脫不掉到處留情的性格，但也唯有他，才能在你苦悶的時候為你分勞解憂。

你十分欣賞他的男子氣概，認為他是相當具有魅力的男子，在他面前，你也能充分發揮女性的魅力。

【屬兔的人】

雖然他能親切地和每個人交朋友，從外表看上去，好像和人們相處得很熟絡，在其內心卻和朋友保持一定的距離，任何人都不可踰越，包括你在內。

你當然不滿意他那冷漠的態度。平時他擺出一副溫和高雅的風采，但其內心的孤傲卻令你無法忍受。

【屬龍的人】

他是你的最佳伴侶，個性不但活潑、開朗，並且抱有樂觀奮鬥的人生觀。對於未來，他也定有努力的方向，你們喜歡促膝長談自己的抱負與理想，互相切磋。

由於他的心思細膩，凡事都為你著想，因此，他不僅令你心動，並且能帶領你走入美好的世界。

【屬蛇的人】

他高雅脫俗的舉止的確富有吸引力，然而，他過著華麗而多彩多姿的生活，畢竟與你的世界是不相同的。因為你仍然喜愛樸實無華的平民生活。

無論你如何誠懇地與他交談，總是無法打破你們之間的隔閡。

【屬馬的人】

屬馬的他出手慷慨大方，追求、享受豪華的生活，性情不定和見異思遷是他的最大缺點。他總是不顧四周的想法和心情，只依照自己的喜好來做事。

你是個守規矩而且安份的人，看到他我行我素的態度早已倒足了胃口，更何況是主動找他交談。這是由於他缺乏一顆善解人意的心。

【屬羊的人】

你天生熱心助人，只要朋友有事相求，必定盡心援助。但是屬羊的他，卻無法接受你的好意，因為他時常將自己封閉在一個小天地裡，完全與外界隔絕，自然無法辨別你熱心的援助，是好意還是壞意呢？

如果你們之間發生誤會，而你仍一如往日地協助他，這樣是否

能挽回他的情感？這就不得而知了。

【屬猴的人】

屬猴的他和任何人都相處得很好，他在你的面前，總是不停地讚美你，然而他和別人相處時，也以同樣的態度誇獎別人。所以，你很厭惡他這種馬屁的待人方式。

他常在你面前以交遊廣闊而自吹自擂，他這種遊戲人間的態度，更使你望而怯步。

【屬雞的人】

他的自尊心很強，寧可過著艱困的生活，也不願低聲下氣的向別人求助，因此，你熱心助人的誠懇，是不可能被他接受的。

你曾體驗過各種人生，很想幫助他脫離困境，但是，他高傲固執的性格，使得你不致輕易傷其自尊。

【屬狗的人】

他天生機靈，做任何事之前都必先做好詳細的計劃。對於初次見面的人，更是處處提防，可以說是頗富心機的人。

雖然你們擁有做事謹慎的優點，可惜他不如你想像中地富有男性氣魄。假使你們多做幾次交談，或許還可以瞭解他的長處，只是這種機會少之又少。

【屬豬的人】

正當大家快樂地喧鬧時，他仍然在一旁默默地做自己的工作，其勤奮的精神固然值得學習，但卻給人一種格格不入的感覺。

其實他的本性忠厚，就是不擅與人交往。從你們在性格上的差異看來，你和他並不是很相配的一對。

如何表現你的魅力

風趣脫俗的幽默感，就是你最佳的魅力。這並不是要你一口氣說出好幾個笑話，或者是表現出令人捧腹大笑的動作，而是從表情中自然地流露出詼諧風趣的味道。

欲達到此一境界，在平時要多吸取生活上的各種經驗，並且藉以培養富有變化的思考能力，以及靈敏的反應。這樣不但可以自娛娛人，並可增加生活的樂趣。

在服飾與化裝方面，你一向喜歡表現出自己的個性美，給人一種標新立異的感覺，但是，你不妨多參考時下流行的服飾與美容方法，儘可能不要特意地表現自己，而要在自然樸實的裝扮中，流露出平易近人的魅力。

選擇適合你的對象

做事光明磊落、有自信的人，可成為你的最佳伴侶，例如O型屬龍的人，具有誠實不欺、行事果斷的優點，他們不但有氣度，凡事對你容忍、讓步，並且擁有豪情俠義的精神。當你憂慮過度，或是一時找不到自己應該走的方向時，他總是緊握著你的手，帶著你走出痛苦的深淵，迎向光明。

此外，他還能細微地觀察你的動向，牢牢地抓住你的心思，隨時提供你必要時的援助。像他這樣心思敏銳，熱情體貼的人，才能和你快樂的共度一生。凡事只考慮自己且反應遲鈍的人，必定很難獲得你的人。

給你的建議

【學業】　上課時你一向用功認真，只是有時會因為情緒上的變化，使得成績很不穩定。

對於學問的追求，應先考慮到吸收多少的能力，然後再訂出完整的學習計劃，這樣就可在毫無壓迫的情況下，學習各方面的知識。

【事業】　在工作方面，你雖然達到了預期的水準，然而，若在途中碰到障礙，往往很難突破此一阻礙，不得不停頓在原來的階段，而毫無進展而言。

因此，你必須改變對事情原有的想法，不可按照同一種方式去做不同的事情，這是你今後應努力的目標。

【經濟】　你熱心待人的性格，在金錢方面的支出更是明顯的表露出來；有時為了滿足自己的虛榮心，會毫無吝惜的揮霍金錢。

例如，和朋友共餐時，掏腰包請客的一定是A型屬猴的人。其實，不必過於打腫臉充胖子，「各付各的」不也是很好嗎？

【健康】　或許你太在意別人的想法，經常處在患得患失的情況下，自然免不了有精神緊張的毛病。

如果病情繼續惡化下去，一定會得精神病或是抑鬱症，所以，要適時的做些運動，或是參加旅行團體，到各處遊覽、觀賞，以消除緊張的情緒。

A血型

雞年生的人

性格——對凡事都一絲不苟

A型屬雞的人，不但嚴格律己，並且也要求別人和他們一樣認真工作，不論做什麼事，他們決不馬馬虎虎，草率了事，更不會有模稜兩可的態度出現。因此，他們時常獲得上司的讚賞，親友們也認為他們是公正不阿的人，然而，他們往往要求別人也做到和自己一樣，所以，給人一種固執嚴肅的感覺。

但是，在工作時發揮一絲不苟的態度，必定會有很好的成果，只要親友有困難，他們一定義不容辭的盡力協助，因而頗得親友的信賴。

他們對於事情的判斷正確而迅速，有時還能發表別人猜不到的新構想，只可惜往往缺乏實行力，沒有人在背後推動，再好的構想也是枉然。此外，過於拘泥細節，使得他們顧後不顧前，無法跟著潮流前進。

天生不肯認輸的性格，使他們不願在眾人面前暴露自己的缺點，由於這種心理作祟，即使他們有心事，也不願意告訴別人。他們總是介意別人的看法，一心只想表現自己得意的一面，時而隱藏自己的心意，這樣難免遭人誤會。

他們做事有條有理，個性靈敏，也很熱愛各種運動，頗能利用閒暇以調劑身心。由於他們的生活多彩多姿，感情飄浮不定，所以也有「花花公子」的封號。

人際關係——最好保持適當的距離

他們活潑靈巧，會因時因地而適時地表現自我。從表面上看來似乎和每個人都相處得不錯，但是，他們對於自己的言行過於謹慎，並且不願對方太接近自己，因而很少能交到持久而情誼深厚的朋友。

A型屬雞的人，不將利害得失看得很重，為了朋友即使赴湯蹈火也在所不辭。如果和如此胸襟開闊的人交往，必能發覺他們可愛的一面，並且獲益匪淺。但是，他們決不允許深信不疑的朋友出賣自己，即使事隔多年，朋友的鄭重道歉也難以擺平其積怨的情緒。

因此，他們所交的朋友，大多是性格開朗豪放，不拘小節的人。那些性格固執拘泥的人，只會讓他們從對方身上，看到自己厭惡的神經質性格。

他們是口齒伶俐、很健談的人，往往和朋友聊得正起勁的時候，卻又心不在焉地顧左右而言他，等到朋友提醒時，他們才又回到原來的話題，然而他們總是無法集中注意力做某件事。

另外，他們對於事物的好惡，也表現得相當明顯，對自己心儀的人，為了爭取他的好感，會不顧一切地表現自己，即使只能和對方保持普通朋友的關係，他們也是心甘情願的。

人生——凡事都一絲不苟

由於很少向人表露真心，拒人千里的態度卻又使朋友難以接近他們，所以，他們人生多少都有孤獨無依的味道。或許他們天生就內向、保守，但只要肯彌補性格上的缺點，走出自我封閉的世界，同時發揮處事果斷的精神，為自己開創一條新生之路，如此一來，保守內向的個性，不就成為使自己走向人群的最佳途徑嗎？

然而，假使硬將自己緊閉起來，完全與外界隔絕，對於周遭的事物也一無所知，拒絕別人的友誼與關懷，那麼，他就會在暗淡、消沉中度過一生。

A型屬雞的人，他們很渴望自己所做的事，能獲得眾人的肯定與讚賞，雖然不曾向人說出自己的心事，內心的願望卻與日俱增。

若是幸運的話，能結識一位深知己心的朋友，那麼，這位朋友必定會全心全意協助他們，使其發揮獨特的才智，並且達到了他們想出人頭地的願望。

當他們在磨練自我意志的同時，也曾想到要如何才能得到別人的認同。「是否能有一位真正瞭解自己的朋友，將決定他們日後是否能出類拔萃」，此話一點也不過分。因此，A型屬雞者的當務之急，便是在人生旅途上找到一位真正的知己。

機運——朋友常是他們的幸運之神

良好的人際關係，會為A型屬雞的人帶來大好時機。能為自己帶來好運的，唯有真正了解他們的朋友。因而在結交朋友時，以真誠的態度待人，時時體諒朋友的立場，坦率的表達意見，這樣就能建立互信、和諧的人際關係。

A型屬雞的人，在人生旅途上幾乎是孤軍奮鬥的，所以，靠一個人的力量，所得到的機運畢竟少之又少，有時，來自知己的友誼是支持他們繼續前進的精神力量。

職業——適於踏實安定的工作

凡事一絲不苟，工作時負責認真，所以，銀行職員、速記員、公司職員等，都是可發揮長處的工作。雖然這些工作千篇一律，毫無生趣可言，卻很適合A型屬雞的人的性格，所以，他們做起來也不曾感到職業倦怠。

如果進入演藝界、新聞界等，需要隨時求新求變的行業，對他們而言，會有力不從心之感。他們不但到處碰壁，甚至造成很大的精神壓力。

在工作方面，應致力於穩定中求發展，慢慢地將得到親友的肯定。

愛情——追求理性的愛

在他們的戀愛過程中，洋溢著濃情蜜意，雖然互相深愛著對方，但總覺得缺少了某些東西。也就是說，即使雙雙墜入情網，並不像一般人會激起愛情火花，更不擅於表現出需要對方的情意。

一般而言，血型是A型的人較不善辭令，但A型屬雞的人卻很健談，尤其和異性相處時，更表現出他們能說善道的才能。他們不僅具有溫和的說服力，還能獲得聽者的熱烈迴響，因此，旁人以為他們是一對情侶呢！

然而，他們內心的感受，與其說是愛情，倒不如說是友情來得恰當；他們所表現出的態度，與真正的愛情還有一段距離。

A型屬雞的人，自然很想將心中的情意，向對方傾訴。他們越是這麼想，就越無法表達自己的意念，只好和心愛的人談些無關緊要的題外話，以打破尷尬的局面。

即使和愛人在熱戀之中，也隨時小心翼翼的提防對方，深怕受到對方的傷害。在這一方面，他們是相當冷靜理智的，但是，必定會引起對方強烈的不滿。因此，在追尋戀愛對象時，性情溫和的人才是最佳伴侶。

婚姻——以相親最適宜

與A型屬雞的人長久交往，恐怕也很難瞭解他們，因為他們不願向別人訴說心意，更強烈地排斥試圖親近他們的朋友。

或許這種性格在戀愛時期，會讓對方覺得頗有神秘的味道；然而一旦共同生活之後，他們性格上的缺點，令對方感到不安，甚至無法忍受。

其性格上的不穩定，常造成別人懷疑他們是否用情不專，即使婚後，雙方也不能互相信賴。所以，A型屬雞的人，與其讓他們自由戀愛，不如以媒妁之言相親的方式來得好。

性愛——只是一種義務

A型屬雞的人，可以說是不曾享受過性愛的快樂，由於彼此缺乏強烈的愛情，在其潛意識中也不願討好對方，所以，性生活對他們而言，只是一種應盡的義務而已。每當做愛之後，他們即不再與另一半做愛撫或熱情的擁抱，性生活只是一種敷衍的形式。

如果對方也是一個性慾不高的人，彼此的感情應該不致破裂；但是，假如對方很注重性生活的情趣，那麼，不協調的性愛，將成為婚姻悲劇的導火線。

適合你的結婚對象

【屬鼠的人】

雖然他具有瀟灑爽快的性情，有時卻表現出任性不協調的性格。剛開始做事時，他顯得相當靈巧賣力，但很少能徹底做好某些事，所以，他缺乏貫徹始終的精神。

由於他無法專注精神於某些事物，因此，這樣的人是無法令你感到滿意的。

假使你們繼續交往，只會徒增煩惱。

【屬牛的人】

他總是維持緩慢的生活步調，使你感到很不耐煩，其本性卻正直不阿，是值得信賴的人。對於這種沒有邪念的人，你時常以含情

脈脈的眼神注視著他。

此外，屬牛的他也具有豐富的感情，如果你們長久交往，必能產生令人羨慕的戀情。

【屬虎的人】

屬虎的他不但自信十足，而且固執己見，很難與他取得協調，所以，當他和別人相處時，經常會有對立的情形。

時常和他人起爭執的他，即使能與你建立良好的情誼，但由於你們性格相異太大，因此，一旦二人起爭執時，只有訴諸「武力」的可能。

【屬兔的人】

他有任勞任怨的精神，只要是交待他辦的事情，他都誠心地盡力去做好。他這種負責認真、不拖泥帶水的工作態度，自然能贏得你的好感。

但是，他很在意別人的想法，做事的時候總是缺乏鬥志，不敢放手去做。這倒令你感覺焦躁不安。

【屬龍的人】

無論何時看到他，總是洋溢著蓬勃的朝氣，由於他充滿熱情、活力的幹勁，使得他在學業或事業上均有傑出的表現，難免令旁人分外眼紅。

你非但不嫉妬他的才華，並且非常瞭解他的為人和性格。他擁有創世的理想以及堅定的信念，使你深受感動，而自願默默地追隨他。

【屬蛇的人】

你希望在眾人面前儘量表現較好的一面，因此，總是刻意的隱藏自己的缺點。所以，能為自己保守秘密的人，則是你心目中的理想對象，屬蛇的人正好符合你的要求。

他那種頗具性感的魅力，使你為他神魂顛倒、迷惘不已，你會不由自主地投入他熱情的懷抱。

【屬馬的人】

屬馬的人個性容易衝動、急躁不安，往往不加以思索就魯莽行事，等到遇事受阻，才發覺前途茫茫，不知如何是好。就在躊躇不決之中，虛度一生的情形也有。

而你在行事之前，總是會先深思熟慮一番，才放手去做。因此，從性格上看來，你們並不相配。

【屬羊的人】

他的外表看來柔和、溫馴，其內心卻堅定而固執，常常遵循著自己的生活方式去待人接物，而對於那些試圖改變其生活步調的人，會加以嚴厲的排斥。

你也是堅持己見的人，所以，你們曾互相尊重對方，並且能提

高生活的素質。

【屬猴的人】

無論任何事物，他都頗感興趣，而且躍躍欲試，然而他這份衝勁卻只有五分鐘的熱度，因此往往半途而廢，毫無所獲。

他的表現時常令你失望，因為你所欣賞的是做事情有始有終的態度，而他則認為你為人過於死板、嚴苛。

【屬雞的人】

當他與你交談時，總是保持著輕鬆愉快的神情，然而在他的言談之中，往往表現出過於獨斷的性格，所以，讓別人產生了不協調的感覺。

此外，他對於自己說過的話就馬上忘記，因而時有前後說法不一致的情形。你當然不欣賞這種不專心的態度。

【屬狗的人】

他的性情多變，如天氣一般陰晴無定。昨天見面時，與你有說有笑，好不快樂；而今日相見時，卻板著臉孔令人納悶。

在你們開始交往時，你會儘量配合他情緒上的變化，久而久之，你厭倦處處迎合他，而對他不加理睬。

【屬豬的人】

在你心中有許多遠大的抱負和理想，卻無法一一實現；四周的朋友也知道你缺乏果斷的能力，因為你是個光說不練的人。

屬豬的他則和你恰恰相反，他是個只做不說的人。假使你們繼續交往，可以互相彌補對方的缺點，但是，在你和他之間，似乎缺少良好的默契。

如何表現你的魅力

A型屬雞的人比較保守、樸實。在服飾方面，總喜歡選擇深而暗的顏色，而且不喜歡別針、帽子等裝飾品。他們這種淡雅的裝扮，洋溢著令人莫測的神秘感，而獨特的魅力，就在巧妙的搭配下展露出來。

假使一直保持相同的裝扮，就顯得毫無生氣而缺乏變化。有時候不妨改變裝扮，使自己看起來年輕而富有朝氣。

例如，選擇一件鑲有珠片的華麗洋裝，再配上粉紅色的小皮包，必然使周圍的人耳目一新，展現出令人驚異的魅力。在鮮豔華麗的服飾下，仍遮掩不住清新脫俗的氣質。而異性朋友對這種裝扮更是讚美不已。

選擇適合你的對象

個性坦誠灑脫，而行動果斷、明確的人，必能成為你的最佳伴侶。

A型屬雞的人，心思複雜，令人難以瞭解，做事也猶豫不決，缺乏果斷的行動力，稍微一點小挫折，便會一蹶不振。因此，如果能結交個性爽直的朋友，不但可彌補自身的缺點，使自己更堅強、果決，在人生的道路上，即使遭到阻礙、挫敗時，朋友的及時援助，也可化解重重危難，展現光明的遠景。

對待朋友不可有諷刺的言談，或是玩笑開得太過分，這樣是會傷害朋友的自尊心，不幸和好朋友反目成仇，情況將一發不可收拾。

給你的建議

【學業】　A型屬雞的人，雖然勤奮不懈地努力用功，或許是讀書的方式不得要領，因而學業成績仍不見好轉。

他們在求學的過程中，對自己的期許過高，所以，總覺得無法達到自己的標準。在學校除了培養高深的學問之外，還需注重自我人格的陶冶。

【事業】　由於厭惡含糊的工作態度，A型屬雞的人在工作時，總是一絲不苟。由於具有負責認真的態度，所以，適於從事精密的工作。但是，不可安於現狀，而缺乏自我突破的意念，應多方面嘗試不同性質的工作，既可考驗自己的能力，又得到許多寶貴的經驗。

【經濟】　即使收入不豐，也頗能量入為出，所以，A型屬雞的人善於精打細算。或許有些人認為他們過於吝嗇，甚至是一毛不拔的鐵公雞，但不必在意別人的批評。

對於投機性的事業要多加留意，不可冒太大的風險而孤注一擲，一不小心就會血本無歸。

【健康】　身體的下半部較虛弱，例如，婦女常見的各種病症，腳部的扭傷或關節部位的疼痛等等。

一般而言，A型屬雞的人沒有重大的疾病；但因天生體質較差，動不動就感覺倦怠。最好養成早睡早起的好習慣，不要做體力無法負擔的工作。

A血型

狗年生的人

性格——誠實不阿熱心公益

A型屬狗的人不但誠實可靠，並且善解人意。他們總是以規規矩矩的態度與人交往，一旦受到別人的照顧、協助時，無論時間經過多久，也要回報他人給予的恩惠。

由於天生富有正義感，對於事情的正反二面，表現得相當敏感。他們對於不公平的事，會提出強烈的抗議，並且嚴厲的指責對方，非等到對方俯首認錯之前，絕不善罷干休。有時候他們這種嚴正不阿的個性，也會讓人吃不消，例如，有些根本不是自己份內的事情，他們仍要追根究底的盤問不休，而使周圍的氣氛變得很尷尬。

性情如此率直的人，卻會因為一些閒人閒語，感受到莫大的傷害，因而意志消沉。在他們的內心裡，原本就有許多不滿與委曲，自然很在意別人對自己的批評。

A型屬狗的人天賦優異，凡事都講求效率，對於工作有一份自我的使命感，也就是無論遇到何種阻礙，也要全力以赴去完成它。雖然有人不欣賞他們就事論事的作風，但在工作上必然得到好評。

在與人交往時，他們總是顯得木訥寡言，更不擅於對上司奉承、阿諛，所以，獲得上司提拔的可能性不大。

人際關係——常保持冷靜、理智的態度

不善於一般的交際應酬，更不會主動地找朋友談天，所以，其人際關係不甚理想。一旦與其做了知心朋友，就可發現他們待人不但體貼細心，而且具有豐富的人情味。其實，他們不僅僅對朋友如此，就是毫不相干的人遇有危難，也會義不容辭的出面相助。

然而，他們並不因為人情世故，而摒棄心目中是非善惡的標準，所以，他們總是以冷靜理智的眼神，觀看世俗的一切。

假使必需為朋友而改變自己的生活方式，那麼，他們寧可與朋友絕交，也不願改變自我的行為模式。即使是父母、手足等，也難以改變他們的心意。這種固執的性格，往往令人無法理解，朋友認為他們食古不化，所以會相繼拂袖而去。

A型屬狗的人，外表看似堅強剛毅，內在卻也有軟弱的一面。不論對任何事物，他們總是生龍活虎般地幹勁十足，然而，假使遇到頗棘手的事情，則感到焦躁不安，情緒也變得不穩定，言行反常，甚而把氣出在別人身上。

他們對於部屬或比自己年幼的人，總是盡力提拔照顧，因此，能得到眾人的支持與尊重，在社會上也成為人人敬仰的長者。

人生——待人處事應該更婉轉、隨和

由於天生不愛巴結逢迎別人，在人際關係上並不是個八面玲瓏的人，所以，無法得到上司的提拔，當然，也無法獲得很高的職位，搞不好還會做一輩子的小職員。

為了使自己能早日出頭，應在年輕時及早獨立創業，或是與朋友合資經營公司。以其勤奮不懈的精神工作，必能為將來開創一條光明坦途。

然而，A型屬狗的人，在待人接物方面卻潛伏著許多問題。平日表現良好時，尚能與同事和平相處，一旦言行出錯時，必然遭到周圍人們的猛烈攻擊。因這些人平時對A型屬狗者的作風大為不滿，只要能逮住批評他們的機會，自然不放過。

起初，他們總認為自己是對的，因而對於別人的指責毫不在意；但是，過不了多久，平時支持他們的朋友，也對其展開強烈的批評時，那麼，他們將難逃悲慘的命運。

所以，為了避免時常與他人起衝突，平時就要注意約束自己的言行，有時不妨試著接受別人的意見，這樣才能與別人和平相處，同時也能獲得朋友的信賴。

A型屬狗的人，其人生的旅程似乎充滿著自由奔放的色彩，然而他們所到之處，不是受制於人就是阻礙重重，所以，他們很難實現自己的理想。

機運——往往過於拘泥形式

凡事講求原則、過分拘泥於形式，是A型屬狗的人最大的缺點。即使面臨著大好時機，但卻因為對於細微的事務做太多的考慮，以致無法顧全大局而採取果斷的決定。

假使淡泊名利，只求過著踏實、安穩的生活，那麼，就可以不受制於財勢的誘感，而能快快樂樂的度過一生。但事實上，A型屬狗的人，對於世俗的名利有著強烈的慾望，常常因錯失良機，而終日懊惱不已。

所以，對於凡事不可過分強求，應抱著「只問耕耘，不問收穫」的態度工作，不要將得失看得太重，儘量開闊視野，就會發現除了名與利之外的美好事物。

職業——選擇能終生奉獻的工作

誠懇木訥、工作認真負責的人，並不適合從事於需要良好的社會關係的工作，例如，推銷員之類的工作。最好選擇具有發展潛能，值得終身從事的工作，如企業機構的研究員或工程師、藥劑師、護士等，都是很適合的工作。

如果選擇了人民褓母——警察的工作，那麼正可以發揮A型屬狗的人天生的正義感：為民眾排難解紛，充分發揚人飢己飢、人溺己溺的精神。此外，擔任體育老師，或是電腦操作員也是很理想的工作。

愛情——以誠摯的態度向對方表白愛意

A型屬狗的人，在愛情方面的表現正如其個性一般，直率而坦白。他們總是目不轉睛地凝視對方，娓娓訴說情意，但這種方式卻會讓對方不知所措。

當他們表示愛意時，外表雖然平靜自然，其內心則忐忑不安。一則怕遭對方拒絕，而必需先做心理準備；一則又期盼對方能向自己表示些許情意。他們心中的情緒矛盾而複雜，其思緒也在二者之間掙扎起伏，所以，在外表必須以冷靜的態度，掩飾內心的矛盾與不安。

但是，由於他們表演得太過逼真，在費力的表達出自己的情意之後，必定感覺精神疲累不堪。

在與異性交往的態度上是誠懇的，會真心的為對方奉獻一切心力。雖然不以巧言令色獲得對方的關愛，然而那份純樸誠摯的氣質，更能讓對方感受無限的愛意。

此外，A型屬狗的人，對於愛情也有執著的一面。當他們正專心一意的與人交談，如果發現對方心不在焉時，則會中止話題，並露出不悅的神情。也就是說，他們以認真的態度與人交往，同時也要求對方以忠誠的情感做回報。

婚姻——任性是離婚的導火線

A型屬狗的人，善於直率地表達愛情，所以，通常會和心愛的人結合。在新婚期間，雙方都表現出溫柔、體貼的情意，所以，夫妻的感情必定如膠似漆。

然而婚後，A型屬狗的人漸漸表現出任性的一面。凡事都要百依百順，若有一點不順心意，會與丈夫發生爭執，甚至有歇斯底里的情形。

如果因為自己是職業婦女，一味地熱衷於本身的工作，而忽略了家庭主婦應有的職責，那麼，婚姻生活就會亮起紅燈。

性愛——常有情緒不穩的現象

A型屬狗的人，即使在熱戀中也會表現出誠懇認真的態度，例如想博得對方的歡心，會不顧一切的獻身；為了使氣氛更為融洽，而會去研究各種性方面的技巧。

同時，對方也必定會有相同的回報，所以他們在婚前，可維持良好的性關係。

但是，開始婚姻生活之後，就不如從前那麼講究情調，僅是隨著心情的好壞而履行義務，如果碰到情緒低潮，會斷然拒絕對方的要求。此種不調和的性生活，將會影響到婚姻生活。

適合你的結婚對象

【屬鼠的人】

屬鼠的他無論做什麼事，都喜歡獨來獨往，如果和異性單獨相處則會感到很不自在。

由於他較少和異性朋友相處，更不曉得如何體貼地照顧女朋友。而使你認為他這種唯我獨尊的態度，一再顯示出他那幼稚、不成熟的性格，所以，你總是拿不定主義是否應和他繼續交往。

【屬牛的人】

對於凡事講求迅速、確實的你而言，屬牛的他不善於表達自己的情感。在你面前，他是木訥而寡言的，因此，你時常焦急的等待他向你訴說心意。

你一向欣賞個性爽直的人，因此，他一向慢條斯理的樣子，自然得不到你的歡心。

【屬虎的人】

他是個樂天知命的人，對任何事一向抱著樂觀奮鬥的態度，即使你們的戀情面臨層層阻礙，他也決不退縮畏懼，反而鼓足勇氣，為愛情奮鬥到底，而他這種突破困境的作風也會深深地吸引你。

此外，假使因為你的任性，而引起旁人的不滿時，他也會盡力為你排難解紛。

【屬兔的人】

凡事你總是要按照自己的方式來做，這種固執己見的態度，自然會引起同事、朋友的不滿，因此，他們將會相繼離你而去。

而當你正孤獨無依的時候，屬兔的他依然留在你身邊，不斷的幫助你、鼓勵你，並且盡力消除你和旁人的誤會。他友善的態度為你解決不少紛爭，這才是你真正的朋友。

【屬龍的人】

歲月不曾在他的臉上留下痕跡，無論時間經過多久，他依然像年輕人一般，充滿活力與幹勁。即使你們的年齡相仿，也會讓人誤以為他比你年輕許多。

他活潑開朗的性格，使你樂意與他成為好朋友。只是你們的感情太過豐富，有時須避免尷尬的場面。

【屬蛇的人】

屬蛇的人，情緒起伏不定，對於事情的看法也表現出曖昧不明的性格。所以，他的心思總是讓人猜不透。

你在潛意識裡對他早有戒心，當你們在一起談話時，你會想：他是否專心聽我講話？還是對我敷衍一番呢？此外，他那銳利的眼神也會令你感到不安。

【屬馬的人】

他的性格剛烈正直，對於不滿意的事務，都會毫不客氣的批評一番。所以，你們時有爭執是在所難免的，幸好你們能容忍對方的缺點，因此，吵完之後又和好如初了。

因為偶爾的口角，並不影響你們堅定不移的愛情，反而更能增進彼此的瞭解。

【屬羊的人】

他喜歡過著風平浪靜的日子，只要是對自己不利的事情，定會儘量避免。所以，他從不招惹別人，也不主動去關懷朋友，這種獨善其身的作風，令你無法忍受。

他總是整日觀望對自己有利的情勢，這種態度只會讓你更感到不安，最後不得不離他而去。

【屬猴的人】

他不但口齒伶俐，而且還是見人說人話的馬屁精，對於他說的話，你一向抱著半信半疑的態度。

他能言善道，所以，身邊總是不乏年輕貌美的女郎。你非常不滿對愛情不專一的男性，看到這種情形，你必定憤而離去，另外尋找一位能真心待你的伴侶。

【屬雞的人】

他是個性情率直的人，在感情方面，清楚地劃分出喜愛或不喜歡。而你是個凡事講求效率的女中豪傑，頭腦冷靜理智，不受外界的騷擾誘惑。

但是，他卻對你敬而遠之，因為你處處佔上風，使他失去男性的自尊。若想挽回他的心，不妨表現一些女性特有的溫柔與魅力。

【屬狗的人】

對於長輩及上司，他一向表現得謙恭有禮，而你總覺得他是刻意的討好別人。

但當他獨力處事時，卻顯得優柔寡斷，無法做出明確、果決的處理。由於他做不到你所要求的標準，所以時常令你感到很失望，二人的愛情自然無法萌芽。

【屬豬的人】

如果你們的感情不錯，那麼，他會如影隨形的跟著你，為你做這做那以博得你的歡心；一旦你們逐漸疏遠而分手之後，他會把你視為毫不相關的陌生人。

你認為男女之間的交往，應彼此關懷、鼓勵，而不是單方面的付出。與其做為戀人，倒不如將他視為普通朋友更恰當。

如何表現你的魅力

在眾人面前，你是個充滿自信，做起事來一絲不苟的女強人，然而無法自然流露出女性的魅力，這是你的一大缺憾。

雖然你生性保守賢淑，也很想做個恪遵三從四德的婦女，但這種過於自我保守的態度，反而隱藏了你內在大方溫柔的性格，讓人感覺你是個呆板守舊的人。

你必須表現出性格上的優點，或許開始時覺得很彆扭，但只要時間一久，自然而然就會習慣，而且在日常生活中，你也會不斷的表露出高雅的氣質。

選擇適合你的對象

你的個性耿直不阿，不知如何圓滑地與人交往。所以懂得人情世故，性情隨和的人是你的最佳伴侶。

如果你想在多變的社會中，佔有一席之地的話，除了本身的努力之外，朋友的鼓勵與協助是不可缺少的。

一個善於待人處事不拘小節的朋友，將可彌補你在做人處事方面過於剛烈的性格，他也能感受到你耿直誠懇，以及富有人情味的一面。

假使選擇了和自己個性相同的伙伴，則他能與你在學業或事業上共同奮鬥，但卻不易建立私人的情誼。

給你的建議

【學業】　在考試前夕，同學們常向A型屬狗的人借筆記，可見他在課堂上是個專心聽講的好學生。

但是，他們只專注於課本上的知識，對於課外活動，如音樂、美術、體育等，往往忽視其重要性。現今的教育是德、智、體、群均衡發展的教育，故不可有學習上的偏差才好。

【事業】　叛逆性較強的A型屬狗的人，在事業上的重點應置於如何與上司建立良好的關係。

有時可能覺得長輩們過於嘮叨，或是吹毛求疵，但他們卻有許多寶貴的工作經驗，不妨虛心的向他們求教指正，這樣對未來的生活必有助益。

【經濟】　A型屬狗的人不愛奢靡浪費，一生過著儉樸踏實的日子。但是，過於精打細算，而時常跟親朋好友斤斤計較，這樣不但對自己沒好處，反而會引起朋友的反感。

須知「錢財乃身外之物」，而金錢流動的道理便是「當省則省，當用則用」。

【健康】 雖然擁有一身強壯的體魄，但只要有輕微的傷風感冒，就煞有介事地躺在床上吃藥、打針，此種慎重其事的性格，容易養成虛弱的體質。最好在年輕時候，就多加鍛鍊身體；此外，勿為小事而煩悶不安，即可常保身心的健康。

A血型

豬年生的人

性格——脫線、憨直、可愛

A型的人做事負責認真，這是人人皆知的事。但令人想不到的是，A型屬豬的人常有「脫線」的時候，這是因為他們處事不得要領的緣故。例如，只要稍往前推即開的門，他卻拚命的往後拉，而自己還在奇怪為何打不開門。

憨傻是他們的一大特徵，因而常做出疏忽大意的事情，但他們實在錯得可愛，令人發笑而不忍心苛責他們。A型豬年生的人，沒有A型人特有的拘謹性格。

他們具有堅強的耐力，不輕易被挫折擊倒，即使失敗了無數次，也會再接再厲而非完成它不可。並不是他們喜歡逞能，而是不願為別人帶來太多負擔的緣故。

心地善良隨和也是他們的特徵之一。專心地聆聽別人的談話，縱使話中有不實的成份，他們也照信不誤，所以時常受騙，或遭人愚弄而鬧出笑話。

A型屬豬的人，會自始至終完成自己認為正確的事情。他們天生就有些「死心眼」，因此，對於自己未曾經歷過的事，他們會不斷地學習它，直到完全領會為止。

一旦面臨重大考驗時，或是遇到緊急事故時，他的決斷力則稍嫌不夠。如果能不拘小節，做出明確的抉擇，則能在各方面超越別人。

人際關係——待人誠懇有禮，富有責任感

對人體諒、關懷，是A型屬豬的人最可愛的地方。只要是別人不願意做的事，他們都會自告奮勇地去做，所以給人留下良好的印象，並且樂於和他們做朋友。但是，對一些缺乏人情味，或知恩不報的人，則予以嚴厲的斥責。

他們待人謙和有禮，對於本身經辦的事也有強烈的責任感，所以，能得到上司的讚賞與部屬的敬愛，在團體中是個很有人緣的人。

但是，與其受僱於人，還不如獨立創業更能發揮自己的才能。所以，如果能在社會上獨當一面，那是最明智的選擇。

A型屬豬的人，並非天生的社交能手，也不喜歡過著舖張奢靡的生活。他們之所以能成功，往往得力於朋友在背後的支持與鼓勵。雖然他們的口齒不夠伶俐，待人不夠圓滑，但或許人們就是欣賞這種木訥憨傻的性格。

在A型屬豬的人當中，也有一些頭腦頑固、不喜歡與人類相處的人。這一類型人不願碰見朋友，更不愛與人交談，想要過著離群索居、不食人間煙火的日子。然而他們並沒有惡意，仍然保有善良樸實的個性。

人生——隨著年齡的增長益加穩重、成熟

A型屬豬的人處事不得要領，因而時常做出令人意想不到的事情。這些讓人啼笑皆非的事，不僅使他們的生活多采多姿，在人生旅途上，也憑添無窮的樂趣。

但是，在這些出人意外的事件當中，也有不少使人傷感的回憶，曾經給他們帶來嚴重的挫敗。在飽嘗失敗的滋味以後，A型屬豬的人會以超然的態度一笑置之，甚至過了一段時間之後，他們會將痛苦的經驗，玩笑似地告訴大家。

隨著年歲的增長，A型屬豬的人會顯得越加成熟穩重。由於每天在不斷的學習與成長，日積月累的經驗，使得他們具有婉轉的處世技巧；豐富的知識和見聞，使他們在多變陰險的社會之中，仍能把握自己的原則。

對A型屬豬的人而言，來自朋友的影響力，往往足以左右其一生的命運。因為

他們待人敦厚、老實，而且又能不計一切的幫助別人，所以，能得到朋友的敬愛與支持。他們的人生洋溢著友情的溫暖，這是那些只顧獨善其身的人所無法體會的喜悅。

因此，A型屬豬的人，愈是老年其運勢愈亨通。人生的磨練以及歲月的無情，都不曾在他們臉上刻下痕跡，但是，內在的思想與氣質，使得他們更受人歡迎。

機運——應好好把握住大好時機

A型屬豬的人反應不太靈敏，所以很難把握住機會，即使面對千載難逢的良機，也會因為他們猶豫不決，使得機會悄悄溜走。

一般人會因錯失良機，而感到懊悔萬分，甚至消極頹唐，但是A型屬豬的人，仍是一副悠然自若的神態，不把得失看得很重要。就是這種與世無爭、清心寡慾的人生觀，使他們少有飛黃騰達的大好機運。

不到處鑽營，常保身心的舒適、暢快固然很好，但有時適當的慾望可帶來奮鬥的勇氣，使得人生充滿了鬥志與活力。

職業——從事與大自然有關的工作

A型屬豬的人，不適於在競爭激烈、專講勾心鬥角的工商業中求發展。並非他們的體力或鬥志比別人稍遜一籌，而是在講求八面玲瓏的社會中，他們的做法與性格無法一一迎合別人。

此外，在個人精神方面，也難以承受世俗人情的劇烈變化。

那麼，應從事於那一類型的工作，才能充分發揮其內在的潛能呢？例如，畜牧業或獸醫，接觸的對象以動物為主，或是農林業，終日與大自然為伍。這種平淡曠遠的生活，正是他們夢寐以求的。女性則適合任職於資本雄厚的大企業之內，或者擔任插花老師等性質單純的工作。

愛情——拙於示愛，但惹人愛憐

在異性的心目當中，A型屬豬的人似乎令人難以親近，甚至有人認為他們的舉止過於粗枝大葉，而感到「小生怕怕」。但是，與他們做朋友之後，又會發現他們並不如想像中的頑皮搗蛋，反而臉上時常掛著含蓄的笑容，這是他們最討人喜歡的地方。

他的性格內向、保守，而且待人細心體貼，在做事之前，總是先替別人設想周到。尤其在約會的時候，會悉心觀察對方的心意，儘量做得使對方滿意。

A型屬豬的人，就是這般默默地奉獻自己，但是，要向對方表明心跡時，卻又顯得很笨拙。例如，說話時辭不達意，或是手足無措等等。或許有些人會被這種突如奇來的動作嚇跑吧！

雖然他們不善於表達自己的情意，幸好對方頗能洞悉其心意，並且接受這份真誠的愛。有時候對方會找些輕鬆的話題，使他們鬆弛一下緊張的情緒。

即使二人陷入情網，也會保持男女間的正當交往，但如果雙方缺乏熱情，那麼戀愛的滋味就過於平淡無味。所以，有時因意見不合而吵嘴，或是向對方耍耍小姐脾氣、撒嬌等等，都是刺激感情的方法。

婚姻——可締造美滿的婚姻

「個性老實的她，怎麼會找到氣質不凡、英俊挺拔的丈夫呢？」經常有人對A型屬豬的人，這樣抱著既羨慕又嫉妒的眼光。

雖然他們在愛情方面的表現不是很高明，但卻能牢牢抓住對方的心理，即使對方是位情場老手，他們也能以自然純樸的氣質，深深打動對方。或許他們天生樸拙無華的性格，才是讓人心生愛憐的原因。

這個人的婚姻生活，不但幸福、美滿，而且丈夫的體貼與熱情更令人羨慕。A型屬豬的人，在婚後也是位善於操持家務的賢內助。

性愛——彼此關懷

在性生活方面，如果對方是在被動的立場，會讓他們笨拙的技巧搞得不知所措，甚而暗自竊笑。事實上，他們並非無知或故作懵懂狀，他們的技巧的確是不得要領。

然而對方看到他們心有餘而力不足的樣子，愛憐之情必定油然而生，而會主動地帶領他們進入性愛的甜蜜境界。所以，大體上來說，A型屬豬的人都擁有美滿的性生活，互相尊重對方，藉以增進彼此的情感。

適合你的結婚對象

【屬鼠的人】

他在你的心目中，留下深刻良好的印象。因為他善於製造輕鬆愉快的氣氛，使你全然忘記世俗的煩惱。

即使你偶爾向他傾訴愛慕之意，他卻裝作毫不知情，真是令你又愛又氣。縱然你有柔情萬千，也難以突破普通朋友的範疇。

【屬牛的人】

屬牛的他和你一樣，均不善表達自己的感情。雖然你們互有好

感，但天生含蓄的個性，使得你們停留在默默凝視對方的階段。由於感情毫無進展，因而不得不分手的例子也屢見不鮮。所以，在你們的交往過程當中，必須要有人居中撮合，以締結良緣。

【屬虎的人】

雖然你拙於表達自己，卻也不願受別人的支配。然而屬虎的他，天生任性倔強，凡事只顧自己的喜好，而不考慮他人的立場。

由於他只想把你追到手，完全忽略你內心的感受，因此，這種強烈示愛的方式，是無法令你滿意的。

【屬兔的人】

他能耐心地坐在一旁，靜靜的聽你訴說。平時總是木訥寡言的你，和別人說話時，總是欲言又止的，然而在他的面前，卻能流利的暢言無阻。

雖然二人並不積極的向對方示愛，但感情的流露卻是盡在不言

中，有時候你不妨採取主動。

【屬龍的人】

由於他不拘小節，所以，往往以豪爽的態度對待朋友；但對於細膩的愛情，則反應遲鈍。即使你不斷的向他訴說甜言蜜語，他卻不解風情的要你詳細解說話中的含意。

你實在很想與他長廂廝守，但卻無法忍受他冷淡的反應，所以難成佳偶。

【屬蛇的人】

他的性格令你侷促不安，在剛接觸到此類型的人時，你們並不是相處得很融洽。然而在交往過程中，你會逐漸被他優雅的舉止所吸引，因而對他心生愛慕之意。

此外，你也很欣賞他成熟穩重的風度。在你們認識一段時間之後，你會慢慢的脫離稚氣，表現出成熟的韻味。

【屬馬的人】

屬馬的他為人豪放爽直，以熱情大方的態度結交四海之內的朋友，所以不論他到那裡，都會受到人們的歡迎，尤其女性對他更是痴情不已。

你和一般的女性一樣為他著迷，但當你真誠的與他交談時，他卻心不在焉，所以，你時常擔心他是否會接納自己。

【屬羊的人】

他有善良溫馴的性情，因此，你們若能長久相處，在言談之間自然會散發著濃蜜的愛意，二人之間也有某種默契，不必言之於表，也能猜知對方的心意。

但是，他很希望得到你確實的承諾，以證明你的真誠，所以在他的面前，須坦白的表明心跡。

【屬猴的人】

屬猴的人天生樂觀、開朗，和他在一起，可共度許多快樂的時光；一旦涉及情感方面的問題，他卻三緘其口，不願坦然表白自己的情感。

看到他這種心態，你一定失望透頂。若繼續和他交往下去，只會為自己憑添不安與煩惱，所以，應保持普通朋友的距離即可。

【屬雞的人】

從表面上看來，他與朋友似乎無所不談，像是毫無心機的人，實際上他很會隱藏自己的心意，因為他害怕別人洞悉自己。

即使你們交往了很久，你常為了不瞭解他的性格與為人，而感到不安。所以，你總是懷疑他是否真心的對待自己？

【屬狗的人】

你頗欣賞他待人誠懇，做事負責認真的態度，但是他的情緒反覆無常，這是你無法忍受的。因為你不善於察顏觀色，也不明瞭為何他的情緒時好時壞。

由於他的心情難以捉摸，對你而言也是一種精神負擔，若繼續交往，只會加深情感的裂痕。

【屬豬的人】

他時常將自己侷限於一個小天地裡，不但他不願離開此生活領域，同時也拒絕別人進入。

戀愛時，他也嚴守自己的陣營，因而你常苦於無法打進他的世界。假使你願意去瞭解他，同時向他表明心意，那麼，這便成為你生命中的轉捩點。

如何表現你的魅力

雖然你沒有出眾的外貌，也不善於做出引人傾聽的高談闊論，但生性善良純樸的性格，以及待人接物總是秉持著溫柔可親的態度，所以，在一般人的印象中，你是一位平易近人的女性。

你從小就具備慈母一般賢淑的個性，並且還有扶弱濟貧、樂善好施的美德，長大之後，這些獨特的氣質，便是你受人歡迎的地方。

但是，勿過份矯情，只要以真誠的態度待人，就是你最佳的魅力。

選擇適合你的對象

你為人處事方面，都有穩重踏實的作風，但要提防意外事件帶來的重大挫敗。同時，你部分的思想與作為，似乎漸漸脫離世俗，所以，生活步調也顯得格格不入。

假使有人能欣賞你的作風，凡事都儘量包容你、體諒你，那麼他必能成為你的好伙伴。

如果選擇和自己志趣相投的人，也可以成為最佳搭檔，雖然二人的個性稍嫌慎重冷靜，但做事卻能面面俱到，能彼此互信互賴，同甘苦共患難。例如，屬牛的人工作勤奮、老實，他就是你的最佳伴侶。

給你的建議

【學業】　考試前總是死記死背，卻又不知靈活運用，由於用功不得要領，成績平平。切記勿全部死記，而要做重點式的閱讀，這樣才能獲得高分。

另外，在讀書時應好好把握時間，不可拖拖拉拉，因為這樣只有事倍功半。

【事業】　在開始工作之前，應先訂立一個詳細的計畫，做好準備工作。雖然你有百折不撓的勇氣與毅力，但若一開始就踏錯了第一步，後果將不堪設想。一旦遭遇挫敗，千萬不可指望別人的援助，凡事應多磨練自己的耐力，才有成功的一天。

【經濟】　不屬於奢侈浪費的典型，而且對金錢的需求量也不大，所以，存款的數額並不很多，自然也沒有發橫財的機運。但是須注意中年以後，由於家庭負擔日重，可能會出現經濟方面的危機，此時不可慌張失措，仍要以平實穩健的態度，處理一切事務。

【健康】 A型屬豬的人，在身、心方面的狀況均良好，但須注意營養太好，或是飲食過量所造成的成人病，諸如糖尿病、高血壓、心臟病等等。

每日三餐，最好遵守「八分飽」的原則，儘量少攝取脂肪類食物，多吃蔬菜、水果等纖維豐富的食物。

你和他的姻緣表

下頁的姻緣表是將血型與十二生肖配合而做出來的表格，你可藉此表看出你和他的緣分如何？不過，這只是一個大概的情形，僅提供你做為參考。當你看到◉的記號時，不要悲觀、失望，這是告訴你：「若要與他繼續交往，必須更努力才行。」反之，假使出現♡的記號，也不要過於樂觀，而忽略了彼此的努力，否則就會讓幸福悄悄溜走。

♡——可締結良緣，婚後將是最有默契的一對。

★——二人的緣分不錯，成為熱戀中的情侶。

❊——緣分普通。

◆——要繼續交往的話，需多加努力。

◉——緣分不佳，仍需控制自己的情緒。

蛇				龍				兎				虎				牛				鼠				他／妳	
AB	O	B	A	AB	O	B	A	AB	O	B	A	AB	O	B	A	AB	O	B	A	AB	O	B	A		
◉	❀	◆	◆	♡	♡	★	❀	◆	❀	◆	◉	◆	◉	❀	★	★	♡	★	♡	◆	★	❀	◆	A	鼠
❀	◆	◆	◉	★	♡	★	★	❀	★	◆	◆	◆	❀	◆	◆	★	★	♡	★	❀	★	❀	❀	B	
❀	◆	❀	◆	♡	★	♡	♡	◆	◆	◉	❀	❀	❀	◆	◆	★	★	★	♡	❀	◆	❀	★	O	
◆	❀	◆	◆	★	♡	★	★	◆	◆	❀	❀	❀	❀	◆	❀	❀	♡	★	★	◉	❀	◆	❀	AB	
★	★	★	♡	❀	❀	❀	◆	◉	❀	❀	◆	◆	◉	◆	★	❀	❀	❀	◉	★	♡	★	★	A	牛
★	★	♡	★	◆	◆	◆	❀	❀	❀	◆	❀	◆	◉	◆	★	❀	◆	❀	❀	★	♡	★	★	B	
★	♡	★	★	❀	❀	❀	❀	❀	◆	❀	❀	◆	◉	❀	❀	❀	❀	◆	❀	★	★	★	♡	O	
♡	★	★	★	❀	❀	❀	❀	◆	❀	❀	❀	◆	◉	◆	❀	◉	◆	◉	❀	★	♡	★	★	AB	
❀	★	❀	◆	❀	❀	❀	★	❀	★	★	◆	❀	❀	❀	❀	◆	★	★	◆	◆	★	◆	◆	A	虎
❀	★	◆	◆	◆	❀	★	◆	❀	★	◆	◆	❀	◆	◆	❀	◆	★	★	◆	❀	❀	❀	◆	B	
❀	◆	★	★	❀	★	❀	❀	❀	◆	★	★	◆	◆	◆	◆	◆	★	★	◆	◆	❀	◆	★	O	
◆	❀	❀	◆	★	◆	❀	❀	◆	◆	❀	◆	❀	❀	❀	❀	◆	◆	❀	❀	◆	❀	❀	◉	AB	
❀	★	❀	◆	❀	❀	❀	★	❀	❀	❀	◉	◆	◆	❀	★	❀	◉	◉	❀	❀	❀	◆	★	A	兎
❀	★	◆	❀	❀	◆	❀	★	❀	❀	◉	❀	❀	◆	❀	❀	◉	❀	❀	◉	❀	❀	◆	❀	B	
❀	◆	★	★	❀	❀	★	❀	◆	◉	❀	❀	◆	★	◆	❀	◉	◆	❀	◉	❀	◆	◆	❀	O	
◆	★	❀	❀	★	❀	◆	❀	◉	❀	❀	◆	❀	❀	❀	❀	◆	◉	◉	❀	❀	❀	★	❀	AB	
❀	◆	◆	◆	❀	◆	❀	◉	◆	❀	◆	❀	❀	◉	◆	❀	❀	★	❀	◆	★	♡	★	♡	A	龍
❀	❀	❀	❀	❀	❀	◉	❀	◆	❀	◆	❀	◉	❀	❀	◆	❀	★	◆	❀	★	★	♡	★	B	
❀	❀	❀	◆	❀	◉	❀	◆	❀	◆	❀	❀	◆	❀	❀	◆	★	◆	★	★	★	♡	★	♡	O	
❀	◆	◆	❀	❀	❀	❀	❀	◆	◆	❀	◆	❀	◆	◉	❀	◆	❀	★	❀	♡	★	★	♡	AB	
❀	★	◆	❀	❀	❀	❀	◉	❀	❀	❀	◆	◆	❀	❀	❀	★	♡	★	★	◆	◆	❀	◉	A	蛇
★	★	◆	❀	❀	◉	◆	❀	❀	❀	◆	❀	❀	❀	◆	◆	★	♡	★	★	◉	❀	❀	◉	B	
❀	◆	★	★	❀	❀	◉	❀	❀	◆	❀	❀	❀	◆	◆	❀	♡	★	♡	♡	◆	◆	❀	❀	O	
❀	❀	★	◆	◉	❀	❀	❀	❀	◆	❀	❀	◆	◆	❀	❀	♡	♡	★	★	❀	❀	◆	◆	AB	

好♡→★→❀→◆→◉壞

他／妳		豬				狗				雞				猴				羊				馬			
		AB	O	B	A	AB	O	B	A	AB	O	B	A	AB	O	B	A	AB	O	B	A	AB	O	B	A
鼠	A	❀	◆	❀	★	❀	◆	◉	◉	◆	❀	◆	◆	★	♡	★	★	◉	❀	◉	◆	❀	★	❀	❀
	B	◆	◆	❀	★	❀	❀	◉	◉	◆	❀	❀	◆	★	♡	★	★	❀	❀	◆	◆	❀	★	❀	❀
	O	♡	◆	❀	❀	❀	◆	◆	◆	◆	◆	❀	❀	♡	★	♡	♡	❀	❀	❀	❀	❀	❀	★	★
	AB	◆	◆	❀	❀	❀	◆	◆	◆	◆	❀	❀	◉	★	♡	❀	★	◉	❀	❀	❀	◆	★	❀	❀
牛	A	❀	❀	❀	★	◆	◆	❀	◉	★	★	★	♡	❀	◆	❀	❀	❀	★	❀	❀	❀	◉	❀	◆
	B	❀	❀	★	❀	❀	❀	❀	❀	★	♡	★	★	❀	◆	❀	❀	❀	★	❀	❀	❀	◉	◆	❀
	O	❀	❀	◆	◆	◆	◆	❀	◆	★	★	♡	★	❀	❀	◆	◆	★	❀	★	★	❀	◆	◉	◉
	AB	★	❀	◆	◉	♡	◆	❀	◆	♡	★	★	★	❀	❀	❀	❀	❀	★	❀	❀	◆	❀	❀	❀
虎	A	❀	❀	◉	◉	♡	★	★	♡	◆	❀	❀	◆	★	❀	❀	★	◉	❀	❀	◉	★	♡	★	★
	B	❀	❀	◉	◉	★	♡	♡	★	◉	◆	◆	◉	❀	★	★	❀	❀	◆	◉	❀	♡	♡	★	★
	O	◆	◆	❀	❀	★	♡	♡	★	❀	❀	❀	❀	❀	★	★	❀	❀	◉	◆	❀	★	★	♡	♡
	AB	◉	◉	❀	❀	♡	★	★	♡	❀	❀	❀	❀	★	❀	❀	★	◉	❀	❀	◉	★	♡	★	★
兔	A	♡	♡	★	★	★	♡	★	★	❀	❀	★	★	◉	❀	❀	◆	★	♡	★	★	★	◆	◆	★
	B	♡	♡	★	★	♡	♡	★	★	❀	❀	★	★	❀	❀	◆	❀	♡	♡	★	★	◆	◆	❀	◆
	O	★	★	★	★	★	★	♡	♡	★	★	❀	❀	❀	◆	❀	❀	★	★	♡	♡	◆	❀	◆	◆
	AB	★	★	★	★	★	★	♡	★	★	★	❀	❀	◆	❀	❀	◉	★	★	♡	★	★	◆	◆	★
龍	A	◆	❀	❀	◆	♡	★	★	❀	★	♡	★	★	♡	★	★	♡	❀	❀	◆	◆	◆	❀	❀	★
	B	❀	❀	◆	◆	★	★	❀	★	★	♡	★	★	★	★	♡	★	❀	❀	◆	◆	◆	❀	★	❀
	O	❀	❀	◆	❀	★	❀	★	★	♡	★	♡	♡	★	♡	★	★	◆	❀	❀	❀	❀	❀	❀	❀
	AB	❀	◆	❀	❀	❀	★	★	♡	★	♡	★	★	♡	★	★	♡	❀	◆	❀	❀	★	❀	◆	◆
蛇	A	❀	❀	❀	★	❀	◆	❀	❀	♡	★	★	♡	❀	◆	❀	★	❀	◆	❀	❀	❀	❀	◆	◆
	B	❀	❀	★	❀	◆	◆	❀	❀	★	★	♡	★	❀	❀	★	❀	◆	❀	❀	❀	❀	❀	◆	◆
	O	❀	★	❀	❀	❀	❀	◆	◆	★	♡	★	★	◆	★	◆	◆	❀	❀	◆	◆	❀	◉	❀	❀
	AB	★	❀	❀	❀	◆	◆	◆	❀	♡	★	★	♡	★	◆	❀	❀	❀	❀	◆	◆	◆	❀	◉	◉

	蛇				龍				兔				虎				牛				鼠				他／妳
	AB	O	B	A	AB	O	B	A	AB	O	B	A	AB	O	B	A	AB	O	B	A	AB	O	B	A	
馬	❀	◆	◆	❀	❀	❀	❀	◆	❀	◆	❀	❀	♡	★	★	♡	❀	❀	❀	◆	❀	❀	❀	★	A
	◆	❀	❀	◆	❀	◆	◉	❀	❀	◆	❀	❀	★	★	♡	★	❀	❀	◆	❀	★	★	♡	❀	B
	◆	❀	❀	◆	❀	◉	◆	❀	◆	❀	◆	◆	★	♡	★	★	❀	◆	❀	❀	❀	★	❀	❀	O
	❀	◆	◆	❀	◆	❀	❀	❀	❀	◆	❀	❀	♡	★	★	♡	◆	❀	❀	❀	★	❀	❀	❀	AB
羊	❀	★	★	❀	❀	◆	❀	❀	★	★	♡	♡	❀	◆	◆	❀	❀	★	★	❀	◆	❀	❀	◆	A
	❀	❀	❀	◆	❀	◆	❀	◆	★	♡	♡	♡	❀	◆	◆	❀	★	★	❀	❀	❀	❀	❀	◆	B
	◆	★	❀	❀	◆	◆	❀	❀	★	★	♡	♡	❀	◆	◆	❀	★	❀	★	★	◆	❀	❀	◆	O
	◆	★	❀	❀	◆	◆	❀	❀	★	★	♡	★	❀	◆	◆	❀	❀	★	★	❀	◆	❀	◉	◆	AB
猴	◆	❀	❀	◆	♡	★	★	♡	◆	❀	◆	◆	❀	★	★	❀	◆	❀	❀	◉	★	♡	★	♡	A
	❀	❀	❀	◉	★	★	♡	♡	◉	❀	❀	◉	★	❀	★	❀	❀	❀	◆	◉	♡	★	★	♡	B
	❀	❀	❀	◉	♡	♡	★	★	◆	❀	❀	◆	★	❀	★	❀	◉	◆	❀	❀	★	★	♡	★	O
	◆	❀	★	◆	♡	★	★	♡	◆	❀	◆	◆	❀	★	★	❀	◉	❀	❀	◆	★	♡	♡	★	AB
雞	♡	★	★	♡	★	♡	★	♡	★	★	❀	★	❀	◉	◆	◆	♡	♡	♡	★	❀	❀	❀	❀	A
	♡	♡	♡	★	♡	♡	♡	★	★	★	★	❀	◆	◆	◆	◆	★	♡	♡	★	◆	◆	❀	◆	B
	♡	♡	♡	★	♡	♡	♡	♡	★	★	❀	❀	◆	◆	◆	◆	★	♡	♡	★	◆	◆	◆	◆	O
	♡	★	★	♡	♡	♡	★	★	❀	❀	★	★	❀	◉	◆	❀	★	♡	♡	★	❀	◆	◆	❀	AB
狗	◆	◆	◆	◉	❀	★	★	★	♡	♡	★	★	★	★	★	♡	❀	❀	◆	❀	❀	❀	❀	◆	A
	◆	◆	◉	◆	❀	★	★	★	★	♡	★	★	♡	♡	★	♡	❀	❀	◆	❀	❀	❀	◆	◉	B
	◆	◆	◉	◆	★	★	❀	❀	★	♡	★	★	★	★	★	♡	◆	◆	❀	◆	❀	❀	◆	◆	O
	◆	◆	◆	◉	★	★	❀	❀	♡	♡	★	★	♡	♡	♡	♡	◆	◆	❀	◆	❀	❀	❀	◆	AB
豬	★	❀	❀	❀	◆	❀	❀	❀	★	♡	★	♡	❀	◉	◆	❀	◆	❀	❀	◆	❀	❀	❀	❀	A
	★	★	❀	❀	❀	❀	❀	❀	♡	♡	★	★	❀	❀	◆	❀	❀	◆	◆	❀	❀	◆	❀	◆	B
	★	★	★	★	❀	◆	◆	❀	★	★	★	♡	❀	❀	◆	❀	❀	❀	❀	❀	◉	◉	◉	◉	O
	❀	★	❀	❀	❀	❀	❀	◆	♡	★	♡	♡	❀	◉	◆	❀	❀	◆	◆	❀	❀	◆	❀	◆	AB

好♡→★→❀→◆→◉壞

他 / 妳		豬				狗				雞				猴				羊				馬			
		AB	O	B	A	AB	O	B	A	AB	O	B	A	AB	O	B	A	AB	O	B	A	AB	O	B	A
馬	A	◆	✿	✿	◆	★	★	★	♡	✿	◉	✿	◆	✿	◆	✿	✿	♡	★	♡	♡	◆	✿	◆	◆
	B	◆	✿	◆	◆	★	★	♡	★	✿	◆	◆	✿	✿	◆	✿	✿	★	♡	♡	♡	◆	✿	◆	◆
	O	◆	✿	✿	◆	♡	♡	★	★	◆	✿	✿	◆	◆	✿	◆	◆	★	★	★	★	✿	◆	✿	✿
	AB	◆	✿	✿	◆	♡	★	★	♡	✿	✿	◆	✿	✿	◆	✿	✿	♡	★	★	♡	◆	✿	◆	◆
羊	A	♡	★	★	♡	◉	✿	✿	✿	◆	✿	✿	✿	◆	◆	✿	✿	◆	✿	✿	◆	★	★	★	♡
	B	★	♡	★	♡	✿	✿	◉	◆	✿	◆	✿	✿	✿	◆	◆	✿	✿	✿	◉	✿	♡	♡	★	★
	O	♡	♡	★	★	◆	✿	✿	✿	✿	✿	◆	✿	✿	◉	✿	✿	✿	◉	✿	✿	♡	★	♡	♡
	AB	★	★	♡	♡	◉	✿	✿	◉	✿	✿	✿	◆	◆	◉	✿	✿	◉	✿	✿	◆	♡	★	★	♡
猴	A	✿	◉	◆	✿	◆	✿	◆	◆	✿	◆	✿	✿	◆	◆	✿	✿	◉	✿	✿	◉	◆	✿	◆	★
	B		✿	◆	✿	✿	✿	✿	◉	◆	◆	✿	✿	◆	◆	✿	✿	◉	✿	✿	◉	✿	✿	✿	◆
	O	◆	✿	✿	✿	✿	✿	✿	◆	✿	◆	✿	✿	✿	✿	◆	★	◉	✿	✿	◉	✿	✿	◆	✿
	AB	◆	✿	✿	✿	◆	✿	✿	◆	✿	◉	✿	✿	✿	✿	◆	◆	◉	✿	✿	◉	◆	★	✿	◆
雞	A	✿	◆	✿	◉	✿	✿	✿	◆	✿	◆	◆	◉	✿	✿	◉	✿	◉	◆	◆	◉	✿	◆	✿	✿
	B	✿	✿	✿	◆	◆	✿	✿	◆	◆	✿	◉	◆	✿	✿	◉	✿	◆	◉	◉	◆	✿	✿	✿	✿
	O	✿	✿	✿	◆	◆	✿	✿	◆	◆	◉	✿	◆	✿	✿	◆	✿	◆	◆	◆	◆	✿	✿	✿	✿
	AB	✿	◆	◆	◆	✿	✿	✿	◆	◉	◆	◉	✿	✿	◆	◉	✿	◉	◆	◆	◉	✿	◆	✿	✿
狗	A	✿	◉	◆	✿	✿	◆	✿	◉	✿	◆	◉	✿	✿	✿	◉	◆	✿	◆	✿	◆	♡	★	★	♡
	B	✿	✿	✿	◆	◆	◆	◉	✿	✿	◉	◆	✿	✿	✿	◆	✿	◆	✿	◆	◉	♡	★	♡	♡
	O	✿	✿	◆	✿	✿	◉	◆	◆	✿	◆	◉	✿	✿	✿	◉	✿	✿	✿	◆	◉	♡	♡	★	♡
	AB	◆	◉	✿	◆	◉	✿	◆	✿	✿	◉	◆	✿	✿	✿	◉	◆	◉	✿	◆	◆	♡	★	★	♡
豬	A	✿	◉	◆	✿	✿	✿	✿	✿	✿	◉	✿	✿	✿	✿	◆	✿	★	♡	♡	★	✿	✿	◆	◉
	B	◉	✿	✿	◉	✿	✿	✿	✿	◉	◉	✿	◆	✿	◆	✿	✿	★	♡	♡	★	✿	✿	◆	◆
	O	✿	◉	◆	✿	✿	◆	◆	✿	✿	◆	◉	◉	◆	✿	✿	◆	★	♡	★	♡	✿	✿	✿	✿
	AB	✿	◆	✿	◆	✿	★	◆	◆	✿	◆	✿	✿	◉	✿	✿	◆	★	♡	★	♡	◆	✿	◆	◉

大展出版社有限公司
品冠文化出版社

圖書目錄

地址：台北市北投區（石牌）
致遠一路二段 12 巷 1 號
郵撥：01669551＜大展＞
19346241＜品冠＞
電話：(02) 28236031
28236033
28233123
傳真：(02) 28272069

・熱 門 新 知・品冠編號 67

1.	圖解基因與 DNA	（精）	中原英臣主編	230 元
2.	圖解人體的神奇	（精）	米山公啟主編	230 元
3.	圖解腦與心的構造	（精）	永田和哉主編	230 元
4.	圖解科學的神奇	（精）	鳥海光弘主編	230 元
5.	圖解數學的神奇	（精）	柳 谷 晃著	250 元
6.	圖解基因操作	（精）	海老原充主編	230 元
7.	圖解後基因組	（精）	才園哲人著	230 元
8.	圖解再生醫療的構造與未來		才園哲人著	230 元
9.	圖解保護身體的免疫構造		才園哲人著	230 元
10.	90 分鐘了解尖端技術的結構		志村幸雄著	280 元

・名 人 選 輯・品冠編號 671

1.	佛洛伊德	傅陽主編	200 元
2.	莎士比亞	傅陽主編	200 元
3.	蘇格拉底	傅陽主編	200 元
4.	盧梭	傅陽主編	200 元

・圍 棋 輕 鬆 學・品冠編號 68

1.	圍棋六日通	李曉佳編著	160 元
2.	布局的對策	吳玉林等編著	250 元
3.	定石的運用	吳玉林等編著	280 元
4.	死活的要點	吳玉林等編著	250 元

・象 棋 輕 鬆 學・品冠編號 69

1.	象棋開局精要	方長勤審校	280 元
2.	象棋中局薈萃	言穆江著	280 元

・生 活 廣 場・品冠編號 61

1.	366 天誕生星	李芳黛譯	280 元

2.	366 天誕生花與誕生石	李芳黛譯	280 元
3.	科學命相	淺野八郎著	220 元
4.	已知的他界科學	陳蒼杰譯	220 元
5.	開拓未來的他界科學	陳蒼杰譯	220 元
6.	世紀末變態心理犯罪檔案	沈永嘉譯	240 元
7.	366 天開運年鑑	林廷宇編著	230 元
8.	色彩學與你	野村順一著	230 元
9.	科學手相	淺野八郎著	230 元
10.	你也能成為戀愛高手	柯富陽編著	220 元
11.	血型與十二星座	許淑瑛編著	230 元
12.	動物測驗—人性現形	淺野八郎著	200 元
13.	愛情、幸福完全自測	淺野八郎著	200 元
14.	輕鬆攻佔女性	趙奕世編著	230 元
15.	解讀命運密碼	郭宗德著	200 元
16.	由客家了解亞洲	高木桂藏著	220 元

・女醫師系列・品冠編號 62

1.	子宮內膜症	國府田清子著	200 元
2.	子宮肌瘤	黑島淳子著	200 元
3.	上班女性的壓力症候群	池下育子著	200 元
4.	漏尿、尿失禁	中田真木著	200 元
5.	高齡生產	大鷹美子著	200 元
6.	子宮癌	上坊敏子著	200 元
7.	避孕	早乙女智子著	200 元
8.	不孕症	中村春根著	200 元
9.	生理痛與生理不順	堀口雅子著	200 元
10.	更年期	野末悅子著	200 元

・傳統民俗療法・品冠編號 63

1.	神奇刀療法	潘文雄著	200 元
2.	神奇拍打療法	安在峰著	200 元
3.	神奇拔罐療法	安在峰著	200 元
4.	神奇艾灸療法	安在峰著	200 元
5.	神奇貼敷療法	安在峰著	200 元
6.	神奇薰洗療法	安在峰著	200 元
7.	神奇耳穴療法	安在峰著	200 元
8.	神奇指針療法	安在峰著	200 元
9.	神奇藥酒療法	安在峰著	200 元
10.	神奇藥茶療法	安在峰著	200 元
11.	神奇推拿療法	張貴荷著	200 元
12.	神奇止痛療法	漆 浩 著	200 元
13.	神奇天然藥食物療法	李琳編著	200 元

14. 神奇新穴療法	吳德華編著	200 元
15. 神奇小針刀療法	韋丹主編	200 元

・常見病藥膳調養叢書・品冠編號 631

1. 脂肪肝四季飲食	蕭守貴著	200 元
2. 高血壓四季飲食	秦玖剛著	200 元
3. 慢性腎炎四季飲食	魏從強著	200 元
4. 高脂血症四季飲食	薛輝著	200 元
5. 慢性胃炎四季飲食	馬秉祥著	200 元
6. 糖尿病四季飲食	王耀獻著	200 元
7. 癌症四季飲食	李忠著	200 元
8. 痛風四季飲食	魯焰主編	200 元
9. 肝炎四季飲食	王虹等著	200 元
10. 肥胖症四季飲食	李偉等著	200 元
11. 膽囊炎、膽石症四季飲食	謝春娥著	200 元

・彩色圖解保健・品冠編號 64

1. 瘦身	主婦之友社	300 元
2. 腰痛	主婦之友社	300 元
3. 肩膀痠痛	主婦之友社	300 元
4. 腰、膝、腳的疼痛	主婦之友社	300 元
5. 壓力、精神疲勞	主婦之友社	300 元
6. 眼睛疲勞、視力減退	主婦之友社	300 元

・休閒保健叢書・品冠編號 641

1. 瘦身保健按摩術	聞慶漢主編	200 元
2. 顏面美容保健按摩術	聞慶漢主編	200 元
3. 足部保健按摩術	聞慶漢主編	200 元
4. 養生保健按摩術	聞慶漢主編	280 元

・心 想 事 成・品冠編號 65

1. 魔法愛情點心	結城莫拉著	120 元
2. 可愛手工飾品	結城莫拉著	120 元
3. 可愛打扮 & 髮型	結城莫拉著	120 元
4. 撲克牌算命	結城莫拉著	120 元

・少 年 偵 探・品冠編號 66

1. 怪盜二十面相	（精）	江戶川亂步著	特價 189 元
2. 少年偵探團	（精）	江戶川亂步著	特價 189 元

3. 妖怪博士	（精）	江戶川亂步著	特價	189 元
4. 大金塊	（精）	江戶川亂步著	特價	230 元
5. 青銅魔人	（精）	江戶川亂步著	特價	230 元
6. 地底魔術王	（精）	江戶川亂步著	特價	230 元
7. 透明怪人	（精）	江戶川亂步著	特價	230 元
8. 怪人四十面相	（精）	江戶川亂步著	特價	230 元
9. 宇宙怪人	（精）	江戶川亂步著	特價	230 元
10. 恐怖的鐵塔王國	（精）	江戶川亂步著	特價	230 元
11. 灰色巨人	（精）	江戶川亂步著	特價	230 元
12. 海底魔術師	（精）	江戶川亂步著	特價	230 元
13. 黃金豹	（精）	江戶川亂步著	特價	230 元
14. 魔法博士	（精）	江戶川亂步著	特價	230 元
15. 馬戲怪人	（精）	江戶川亂步著	特價	230 元
16. 魔人銅鑼	（精）	江戶川亂步著	特價	230 元
17. 魔法人偶	（精）	江戶川亂步著	特價	230 元
18. 奇面城的秘密	（精）	江戶川亂步著	特價	230 元
19. 夜光人	（精）	江戶川亂步著	特價	230 元
20. 塔上的魔術師	（精）	江戶川亂步著	特價	230 元
21. 鐵人Q	（精）	江戶川亂步著	特價	230 元
22. 假面恐怖王	（精）	江戶川亂步著	特價	230 元
23. 電人M	（精）	江戶川亂步著	特價	230 元
24. 二十面相的詛咒	（精）	江戶川亂步著	特價	230 元
25. 飛天二十面相	（精）	江戶川亂步著	特價	230 元
26. 黃金怪獸	（精）	江戶川亂步著	特價	230 元

・武　術　特　輯・大展編號 10

1. 陳式太極拳入門	馮志強編著	180 元
2. 武式太極拳	郝少如編著	200 元
3. 中國跆拳道實戰 100 例	岳維傳著	220 元
4. 教門長拳	蕭京凌編著	150 元
5. 跆拳道	蕭京凌編譯	180 元
6. 正傳合氣道	程曉鈴譯	200 元
7. 實用雙節棍	吳志勇編著	200 元
8. 格鬥空手道	鄭旭旭編著	200 元
9. 實用跆拳道	陳國榮編著	200 元
10. 武術初學指南	李文英、解守德編著	250 元
11. 泰國拳	陳國榮著	180 元
12. 中國式摔跤	黃　斌編著	180 元
13. 太極劍入門	李德印編著	180 元
14. 太極拳運動	運動司編	250 元
15. 太極拳譜	清・王宗岳等著	280 元
16. 散手初學	冷　峰編著	200 元
17. 南拳	朱瑞琪編著	180 元

18. 吳式太極劍	王培生著	200 元
19. 太極拳健身與技擊	王培生著	250 元
20. 秘傳武當八卦掌	狄兆龍著	250 元
21. 太極拳論譚	沈 壽著	250 元
22. 陳式太極拳技擊法	馬 虹著	250 元
23. 二十四式 三十二式 太極 拳 劍	闞桂香著	180 元
24. 楊式秘傳 129 式太極長拳	張楚全著	280 元
25. 楊式太極拳架詳解	林炳堯著	280 元
26. 華佗五禽劍	劉時榮著	180 元
27. 太極拳基礎講座：基本功與簡化 24 式	李德印著	250 元
28. 武式太極拳精華	薛乃印著	200 元
29. 陳式太極拳拳理闡微	馬 虹著	350 元
30. 陳式太極拳體用全書	馬 虹著	400 元
31. 張三豐太極拳	陳占奎著	200 元
32. 中國太極推手	張 山主編	300 元
33. 48 式太極拳入門	門惠豐編著	220 元
34. 太極拳奇人奇功	嚴翰秀編著	250 元
35. 心意門秘籍	李新民編著	220 元
36. 三才門乾坤戊己功	王培生編著	220 元
37. 武式太極劍精華＋VCD	薛乃印編著	350 元
38. 楊式太極拳	傅鐘文演述	200 元
39. 陳式太極拳、劍 36 式	闞桂香編著	250 元
40. 正宗武式太極拳	薛乃印著	220 元
41. 杜元化＜太極拳正宗＞考析	王海洲等著	300 元
42. ＜珍貴版＞陳式太極拳	沈家楨著	280 元
43. 24 式太極拳＋VCD	中國國家體育總局著	350 元
44. 太極推手絕技	安在峰編著	250 元
45. 孫祿堂武學錄	孫祿堂著	300 元
46. ＜珍貴本＞陳式太極拳精選	馮志強著	280 元
47. 武當趙堡太極拳小架	鄭悟清傳授	250 元
48. 太極拳習練知識問答	邱丕相主編	220 元
49. 八法拳 八法槍	武世俊著	220 元
50. 地趟拳＋VCD	張憲政著	350 元
51. 四十八式太極拳＋DVD	楊 靜演示	400 元
52. 三十二式太極劍＋VCD	楊 靜演示	300 元
53. 隨曲就伸 中國太極拳名家對話錄	余功保著	300 元
54. 陳式太極拳五功八法十三勢	闞桂香著	200 元
55. 六合螳螂拳	劉敬儒等著	280 元
56. 古本新探華佗五禽戲	劉時榮編著	180 元
57. 陳式太極拳養生功＋VCD	陳正雷著	350 元
58. 中國循經太極拳二十四式教程	李兆生著	300 元
59. ＜珍貴本＞太極拳研究	唐豪・顧留馨著	250 元
60. 武當三豐太極拳	劉嗣傳著	300 元
61. 楊式太極拳體用圖解	崔仲三編著	400 元

62. 太極十三刀　張耀忠編著　230 元
63. 和式太極拳譜＋VCD　和有祿編著　450 元
64. 太極內功養生術　關永年著　300 元
65. 養生太極推手　黃康輝編著　280 元
66. 太極推手祕傳　安在峰編著　300 元
67. 楊少侯太極拳用架真詮　李璉編著　280 元
68. 細說陰陽相濟的太極拳　林冠澄著　350 元
69. 太極內功解祕　祝大彤編著　280 元
70. 簡易太極拳健身功　王建華著　180 元
71. 楊氏太極拳真傳　趙斌等著　380 元
72. 李子鳴傳梁式直趟八卦六十四散手掌　張全亮編著　200 元
73. 炮捶 陳式太極拳第二路　顧留馨著　330 元
74. 太極推手技擊傳真　王鳳鳴編著　300 元
75. 傳統五十八式太極劍　張楚全編著　200 元
76. 新編太極拳對練　曾乃梁編著　280 元
77. 意拳拳學　王薌齋創始　280 元
78. 心意拳練功竅要　馬琳璋著　300 元
79. 形意拳搏擊的理與法　買正虎編著　300 元
80. 拳道功法學　李玉柱編著　300 元
81. 精編陳式太極拳拳劍刀　武世俊編著　300 元
82. 現代散打　梁亞東編著　200 元
83. 形意拳械精解（上）　邸國勇編著　480 元
84. 形意拳械精解（下）　邸國勇編著　480 元
85. 楊式太極拳詮釋【理論篇】　王志遠編著　200 元
86. 楊式太極拳詮釋【練習篇】　王志遠編著　280 元
87. 中國當代太極拳精論集　余功保主編　500 元
88. 八極拳運動全書　安在峰編著　480 元
89. 陳氏太極長拳 108 式＋VCD　王振華著　350 元

・彩色圖解太極武術・大展編號 102

1. 太極功夫扇　李德印編著　220 元
2. 武當太極劍　李德印編著　220 元
3. 楊式太極劍　李德印編著　220 元
4. 楊式太極刀　王志遠著　220 元
5. 二十四式太極拳（楊式）＋VCD　李德印編著　350 元
6. 三十二式太極劍（楊式）＋VCD　李德印編著　350 元
7. 四十二式太極劍＋VCD　李德印編著　350 元
8. 四十二式太極拳＋VCD　李德印編著　350 元
9. 16 式太極拳 18 式太極劍＋VCD　崔仲三著　350 元
10. 楊氏 28 式太極拳＋VCD　趙幼斌著　350 元
11. 楊式太極拳 40 式＋VCD　宗維潔編著　350 元
12. 陳式太極拳 56 式＋VCD　黃康輝等著　350 元
13. 吳式太極拳 45 式＋VCD　宗維潔編著　350 元

國家圖書館出版品預行編目資料

A血型與十二生肖 / 萬年青　主編
——初版，——臺北市，品冠文化，2008〔民97.03〕
面；21公分，——（血型系列；1）
ISBN　978－957－468－597－4（平裝）
1.血型　2.生肖
293.6　97000326

A血型與十二生肖

ISBN 978－957－468－597－4

主　　編／萬年青
發行人／蔡孟甫
出版者／品冠文化出版社
社　　址／台北市北投區（石牌）致遠一路2段12巷1號
電　　話／（02）28233123・28236031・28236033
傳　　眞／（02）28272069
郵政劃撥／19346241
網　　址／www.dah-jaan.com.tw
E-mail／service@dah-jaan.com.tw
承印者／傳興印刷有限公司
裝　　訂／建鑫裝訂有限公司
排版者／弘益電腦排版有限公司
初版1刷／2008年（民97年）3月

定　價／180元

一億人閱讀的暢銷書！

4 ～ 26 集　定價300元　特價230元

.大金塊　5.青銅魔人　6.地底魔術王　7.透明怪人　8.怪人四十面相　9.宇宙怪人

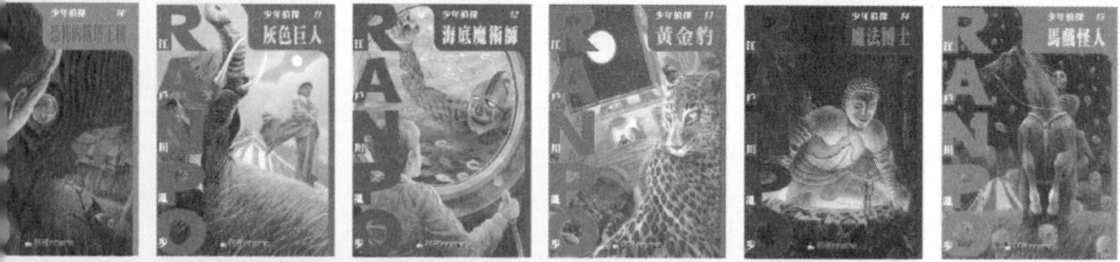

恐怖的鐵塔王國　11.灰色巨人　12.海底魔術師　13.黃金豹　14.魔法博士　15.馬戲怪人

.魔人銅鑼　17.魔法人偶　18.奇面城的秘密　19.夜光人　20.塔上的魔術師　21.鐵人Q

假面恐怖王　23.電人M　24.二十面相的詛咒　25.飛天二十面相　26.黃金怪獸

品冠文化出版社

地址：臺北市北投區
致遠一路二段十二巷一號
電話：〈02〉28233123
郵政劃撥：19346241